アイスクリーム
基本とバリエーション
105のフレーバーとシンプルデザート

アイスクリーム 基本とバリエーション
目次

第1章　基本のアイスクリーム

[アイスクリーム——アイスクリームマシンを使って]
バニラのアイスクリーム（オルタシア）……6

[アイスクリーム——パコジェットを使って]
チョコレートのアイスクリーム（フロリレージュ）……9

[ソルベ]
苺のソルベ（プリマヴェーラ）……12

[パルフェ]
キルシュ入りピスタチオのパルフェ（プレジール）……15

[グラニテ]
巨峰のグラニテ（ラ バリック）……18

[アイスパウダー]
ホワイトチョコのアイスパウダー（オルタシア）……21

＊本書で使用したアイスクリームづくりの機器……24

第2章　フレーバーのバラエティ 105

[アイスクリーム]
バニラ（フロリレージュ）……26
バニラ（ラ バリック）……27
アングレーズ（フロリレージュ）……27
キャラメル（フロリレージュ）……28
アカシア蜂蜜（ラ バリック）……28
蜂蜜（プリマヴェーラ）……29
メープル（オルタシア）……29
チーズ（フロリレージュ）……30
ホワイトチョコレート（ラ バリック）……30
オリーブオイル（ラ バリック）……31
コーヒー（ラ バリック）……31
マンゴーティ（オルタシア）……32
白苺（オルタシア）……32
パイナップル（オルタシア）……33
人参（オルタシア）……33
キャベツ（フロリレージュ）……34
葉にんにく（プリマヴェーラ）……34
ピスタチオ（ラ バリック）……35
シナモン（ラ バリック）……35
サフラン（プリマヴェーラ）……36
フォアグラ（オルタシア）……36

[ソルベ]
レモン（プリマヴェーラ）……37
柑橘（フロリレージュ）……38
せとか（オルタシア）……38
ゆず（ラ バリック）……39
金柑（プリマヴェーラ）……39
桃（ラ バリック）……40
桃（オルタシア）……40
青りんご（ラ バリック）……41
青りんご（オルタシア）……41
ミントとアップル（フロリレージュ）……42
柿（ラ バリック）……42
スイカ（フロリレージュ）……43
キウイフルーツ（フロリレージュ）……43
バナナ（プリマヴェーラ）……44
パイナップル（フロリレージュ）……44
パイナップル（ラ バリック）……45
巨峰（フロリレージュ）……45
フランボワーズ（フロリレージュ）……46
ホオズキ（フロリレージュ）……46
赤いトマト（オルタシア）……47
白いトマト（オルタシア）……47
トマト（ラ バリック）……48
ホワイトアスパラガス（プリマヴェーラ）……48
人参（プリマヴェーラ）……49
グリーンピース（プリマヴェーラ）……49
ラディッキオ（プリマヴェーラ）……50
玉ねぎ（プリマヴェーラ）……50
セロリ（プリマヴェーラ）……51
フキノトウ（プリマヴェーラ）……51
野草（プリマヴェーラ）……52
大葉（オルタシア）……52
唐辛子（プリマヴェーラ）……53
もち米（プリマヴェーラ）……53
焙じ茶（プリマヴェーラ）……54
濃茶（オルタシア）……54
ミルク（ラ バリック）……55
牛乳（フロリレージュ）……55
レ・リボ（フロリレージュ）……56
ヨーグルト（ラ バリック）……56
ヨーグルト（オルタシア）……57
ラムネ（フロリレージュ）……57

練乳（オルタシア）……58
ココナッツ（ラ バリック）……58
モッツァレラ（ラ バリック）……59
チョコレート（ラ バリック）……59
白トリュフ（フロリレージュ）……60
オリーブオイル（フロリレージュ）……60
ラティニア（ラ バリック）……61
ビール（フロリレージュ）……61
メレンゲ（オルタシア）……62
牡蠣（プリマヴェーラ）……62

[パルフェ・スフレグラス・セミフレッド]
タヒチ産バニラ（プレジール）……63
チョコレート（プレジール）……64
ココナッツ（プレジール）……64
5種類のスパイスを使ったキャラメル（プレジール）……65
メープルとキャラメリゼしたくるみ（プレジール）……66
抹茶（プレジール）……66
アールグレー（プレジール）……67
桃（プレジール）……67
オレンジ（ラ バリック）……68
ラムレーズン（プレジール）……68
コニャック（プレジール）……69
コアントロー（プレジール）……69
キルシュ（プレジール）……70
みかんのスフレグラス（フロリレージュ）……70
エスプレッソのセミフレッド（プリマヴェーラ）……71
トローネのセミフレッド（ラ バリック）……71

[グラニテ・アイスパウダー]
グレープフルーツ（プレジール）……72
レモンと葉生姜（プリマヴェーラ）……73
桃（ラ バリック）……73
桃（プレジール）……74
苺（プレジール）……74
巨峰（プレジール）……75
パイナップルとバジル（プレジール）……75
コーヒー（プレジール）……76
エスプレッソ（ラ バリック）……76
エスプレッソ（オルタシア）……77
ソーテルヌ（プレジール）……77
ジビッボ（ラ バリック）……78
シェリーのかき氷（フロリレージュ）……78
カンパリ（プリマヴェーラ）……79
メロンの氷（プリマヴェーラ）……79
チョコレートのアイスパウダー（オルタシア）……80
エスプレッソのアイスパウダー（オルタシア）……80

第3章　シンプルデザート

[＋フルーツ]
ミルクのパウダーシャーベットと苺のスープ……82
苺のコンソメ
　スパイスの効いたホワイトチョコジェラート……84
メロンの氷と減圧したメロン……84
スイカのブラッディメアリー……85
スイカといちじくのスープ ココナッツのソルベ……85
パイナップルのカルパッチョとココナッツのパルフェ……88
桃のマリネ 桃ソルベ アマレットソース……89
パッションフルーツのジュレ ヨーグルトのソルベ……89
アップルマンゴーの冷製リゾット仕立て……89
ライチのエスプーマ 練乳のソルベとパイナップル……92
巨峰のジュレと巨峰のグラニータ……93
和三盆とトンカ豆風味のフォアグラのアイスクリーム……93
栗のスープにリコッタチーズムース
　アカシア蜂蜜ジェラート……96
干し柿のムースと柿のソルベ……96
ほおずきの冷たいデクリネゾン……97
ラムあんぽ柿のアイスクリームと柿の種……100
柿のコンポートとピスタチオナッツのパルフェ……100
紅玉と5種類のスパイスのパルフェ ミルフィユ仕立て……101
紅玉のロティ タヒチ産バニラのアイスクリーム添え……101
りんごのスープとシナモンジェラート……104
オレンジのパルフェ カンパリグレープ……105
チョコレートのカンノーリ仕立て オレンジソース……105
コアントローのパルフェと金柑のコンポートとそのソース……108
みかんのスフレグラス……108
グレープフルーツのグラニテとコアントローのパルフェ……108
彩り果実のタルト仕立て ヨーグルトのソルベ ハーブ風味……109
さまざまなフルーツのミネストローネ風
　なめらかなパイナップルのアイスクリーム添え……109

[＋野菜]
レモンのソルベットとトマトのマリネ……112
塩トマトのデクリネゾン……112
トマトのスープに浮かべたセロリのジェラート……113
カプレーゼ……113
焼きなすとエスプレッソのセミフレッド……116
本当の"シューアラクレーム"……117
白アスパラガスのジェラートと
　ホワイトチョコレートをまぶしたアスパラガス……117
グリーンピースのジェラート 春色の衣をまとって……120
小松菜のズッパとカルダモンの香りのパンナコッタ
　蜂蜜のジェラートをのせて……120
冷えたビールと枝豆……121

"バニラビーンズ"……121
野菜のマチェドニア オリーブオイルのジェラート……124

[＋チョコレート]
チョコレートのサラミとゆずのソルベ……125
チョコレートのトルタ 唐辛子のジェラート添え……125
"フロリレージュ"が香る冷たいボンボンショコラ……125
ガトーショコラ 白トリュフの香り……128
チョコレートのブリュレ
　　トンカ豆風味のバニラアイスクリーム添え……128
クーベルチュールのガナッシュ
　　－196℃のチョコアイスパウダー……128
レ・リボのアイスクリーム……129

[＋凝固剤・ムース]
ラディッキオ・トレヴィーゾのジェラート……132
シェリーのかき氷とそのレデュクションのシロップ……133
苺のソルベット リコッタチーズのムース添え……133
ファンタスティック グレープ……133
マスカルポーネチーズを詰めた苺のクレーマ……136
苺とアールグレーのパルフェ……136
冷たいビチュリン……136
ティラミス マスカルポーネムースと
　　エスプレッソのグラニタ……137
抹茶のスムージーとパルフェ……140
アシェット ムース ショコラ キュイ……140
パイナップルのシャーベットとそのラビオリ……141
パンナコッタ エスティーボ……141
杏仁風味のブランマンジェ 白苺のアイスクリーム……144
シャインマスカットと軽いミントのブランマンジェ……145
ピスタチオのプディング
　　ピスタチオのジェラートと青りんごソルベ……145
メープルのアイスクリームと杏仁プリン……148
大葉のムースと大葉のソルベ……148

[＋クリーム]
有機人参のアイスクリーム 人参パイのミルフィユ添え……149
アイスクリームの鮮やかなパレット……149
桃のサバイヨン……152
アシェット タルトシトロン……152

[＋生地]
ブリオッシュ コン ジェラート
　　金柑のジェラートをはさんで……153
ブリオッシュ コン ジェラート……153
オリーブオイルのソルベと四角いグリーンオリーブ……156

パルミジャーノ・レジャーノのスフレ
　　バナナのジェラートとともに……156
オニオンのビスキュイとキャラメルのアイスクリーム……156
そば粉のクレープ 玉ねぎのジェラートを添えて……157
フキノトウのジェラート 揚げ玉の食感と……160
パパッシーニとラティニアのソルベ……160
タルト リムーザン……160

[＋オイル・チーズ・飲料etc…]
牡蠣のジェラート 生牡蠣のように……161
冷たいもち米のリゾット オリーブオイルの緑の香りと……161
白いトマトのソルベ……164
キウイフルーツのソルベとサントモールのムース……164
フルムダンベールのアイスクリーム……165
濃茶のソルベのアフォガート仕立て……165
葉にんにくのジェラートのアフォガート……168
トローネのセミフレッド カフェビアンコのソース……168
ラムネアイスクリーム……169
愛媛岩城島産せとかのソルベ
　　シャラン産鴨胸肉のカルパッチョとともに……169

[パフェ・複数の味の調和]
アブリューム イヴェール……172
リエジョワーズ……172
プルミエ……173
カシュカシュポワール……174
プランタニエ……175
ドゥーブルマロン……175
クープ フォレ ノワール……175
クーベルチュールでコーティングした和栗のモンブラン
　　メレンゲのアイス添え……176
ホワイトチョコレートのタルト仕立て
　　－196℃のホワイトチョコアイスパウダー……176
マスカルポーネとエスプレッソのティラミス風
　　－196℃のエスプレッソアイスパウダー……177
桃のソルベとフルーツの冷製グラタン仕立て……178
フォアグラのポワレと紅玉のタルトタタン
　　青りんごのソルベと共に……179

シンプルデザートの構成パーツ……190
シェフの紹介 私のアイスクリーム……198

撮影／天方晴子
デザイン／藤田裕美、箕輪知也（fungus）
編集／佐藤順子

第1章

基本のアイスクリーム

基本的な「アイスクリーム」「ソルベ」「パルフェ」「グラニテ」「アイスパウダー」のつくり方をプロセス写真とともに解説する。

アイスクリームやソルベは、フランス、イタリア、日本でさまざまな分類や呼称で解説されるが、本書では、アイスクリームはアングレーズを炊いて仕込むもの、ソルベはそれ以外の方法でつくるもの、パルフェはパータボンブでつくるもの、グラニテは糖度の低いかき氷状のものとした。
なお、アイスクリームやソルベなどの仕込み量は、各店の配合に準じる。また、バターはすべて無塩バターを使用した。

アイスクリーム
アイスクリームマシンを使って

基本｜アイスクリーム

バニラのアイスクリーム　トンカ豆の風味

技術指導／古賀哲司（オルタシア）

アイスクリームの基本は、アングレーズをつくって、これをアイスクリームマシンにかけるという工程となる。フレーバーは、アングレーズの材料である牛乳に味や香りを抽出したり、できたアングレーズに加えてバリエーションをつける。

レストランでアイスクリームをつくるおもな方法には、アイスクリームマシンでつくる方法、パコジェットでつくる方法がある。ここでは、アイスクリームマシンを使った工程を解説する。

最近使い勝手のよさで人気のパコジェットだが、なめらかさにおいては、やはりマシンがいいという意見もある。「オルタシア」では、乳脂肪分の高い素材でつくるアイスクリームは、濃厚ななめらかさを求めるのでマシンを使うことが多いという。またまとまった分量を必要とする場合なども、マシンが便利であろう。

いずれにしてもレストランで提供するアイスクリームは、とろけるような口溶けのよさが魅力。つくりたてで新鮮なうちに早めに使いきることが大切だ。アイスクリームは冷凍保存なので日持ちすると思われがちだが、ベースのアングレーズは沸騰させていないので、保存料などを使わずにつくる場合、さほど日持ちはしないので注意したい。

```
アングレーズをつくる
      ↓
  冷やす・やすませる
      ↓
アイスクリームマシンにかける
```

アングレーズA
- 牛乳　600g
- 生クリーム（乳脂肪分47%）　300g
- バニラスティック　5本
- 粉末グルコース＊　30g
- グラニュー糖　100g

アングレーズB
- 卵黄　12個分
- グラニュー糖　50g

グラニュー糖　50g
安定剤（ヴィドフィクス）　5g
トンカ豆　1g

＊グルコースに含まれるデキストリンには、粘り気と保水性があり、結晶化しにくく、作業性にすぐれている。
＊以下のプロセス写真は上記配合の1/4量で撮影。

●アングレーズAを用意する

1
バニラスティックは、ナイフで中の種をしごき出して、サヤとともに牛乳と生クリームの中に入れ、ラップフィルムをかけて一晩冷蔵庫でねかせる。

一晩おくことでバニラの風味が液体に移り、味がおちつく。

2
グラニュー糖と粉末グルコースを①に入れて泡立て器でよく混ぜる。

粉末グルコースは、あらかじめグラニュー糖と合わせておくと、均一に混ざりやすい。

3
弱火にかけてゆっくり加熱する。40〜50℃まで温度を上げてグラニュー糖と粉末グルコースを溶かす。そのまま80℃まで加熱したら、バニラスティックを取り除く。

●アングレーズBを用意する

4
グラニュー糖50gを溶いた卵黄の中に少しずつ加えて泡立て器でよく混ぜる。

5 白っぽくなるまでしっかりブランシールする。

空気を抱き込ませることによって凝固点が上がり、卵がダマになりにくくなる。また卵くささを抜くことができる。

●AとBを合わせてアングレーズを炊く

6 Bの中にAを半量入れて、よく混ぜる。

7 残ったAの中に⑥を注ぎ入れる。

濃度をなるべく近づけておいたほうが、よく混ざる。

8 ボウルに移し、直火があたらないように湯煎にかけて、マリーズで混ぜながら83℃まで温度を上げる。

9 マリーズに跡が残るくらいの濃度になるまで炊く（7頁材料表の分量で約20分間）。

とろみがつくまで十分に加熱しないと、マシンにかけたときに空気を抱き込みにくくなるので、食感が重く口溶けも悪くなる。

●冷やす・やすませる

10 ボウルを氷水にあててアングレーズを漉す。

これ以上火を入れないために、氷水にあてる。

11 バーミックスにかけながら40℃に冷まし、混ぜておいた安定剤とグラニュー糖50gを加える。冷蔵庫に一晩おき、空気を抜き、風味をおちつかせる。

バーミックスにかけると、脂肪球が小さくなり、舌触りがよくなる。また材料が結合してとろみが強まり、口溶けのなめらかさが格段に違う。

●アイスクリームマシンにかける

12 アングレーズをマシンに注ぎ入れる。トンカ豆をすり入れて10分間回す。でき上がったらポットなどに移して冷凍庫で保存する。

アイスクリーム
パコジェットを使って

パコジェットを使ったアイスクリームの基本工程を解説する。パコジェットを使ってレストランのデザートならではの、とろけるようになめらかでやわらかい状態を目指してチョコレートのアイスクリームをつくっていただいた。

アングレーズをつくるというところまでは、マシンを使ったつくり方と同じ工程だが、チョコレートを合わせたアパレイユを専用ビーカーに入れて冷凍し、使用時にパコジェットにかけて粉砕し、使用する、という流れとなる。

デザートのバリエーションを増やしたい場合は、アイスクリームやソルベを多種類用意できると重宝である。専用ビーカーと冷凍保存する場所があれば、パコジェットはこうした需要に対応できる機器である。また使用する分だけ、その都度回せばよいので、できたてを提供できるし、衛生的でもある。

しかし、沈殿するようなアパレイユの場合、ビーカーの上と下では、回した状態にバラつきがでるので、最後まで回して使用し、残ったら冷凍保存して、再度パコジェットにかけるほうがいいだろう。ただし、油脂分の高いアパレイユの場合、何度もパコジェットにかけると分離しやすくなるので、配合と使い方には工夫が必要となる。

チョコレートのアイスクリーム
技術指導／川手寛康（フロリレージュ）

```
ガナッシュをつくる
    ↓
アングレーズをつくる
    ↓
アパレイユをつくる
    ↓
ビーカーに入れる
    ↓
冷凍する
    ↓
パコジェットにかける
```

牛乳　325g
生クリーム（乳脂肪分47％）　150g
チョコレート（カカオ分70％）＊　170g
卵黄　70g
グラニュー糖　89g
バター　30g

＊カオカ社エクアトゥールを使用。

3
次第にツヤが出てきてチョコレートが乳化する。ガナッシュの完成。

●アングレーズをつくる

4
溶いた卵黄の中に、グラニュー糖を加えて混ぜる。

●ガナッシュをつくる

1
牛乳と生クリームを合わせて、沸騰直前まで熱する。ボウルにチョコレートを入れて、1/3量の牛乳と生クリームを加える。

牛乳と生クリームはマリーズで混ぜながらこがさないように熱する。

5
泡立て器で卵黄とグラニュー糖がよくなじむまで混ぜる。

すぐに水分を加えるので、ここでブランシールする必要はない。

2
泡立て器でよく混ぜる。

一旦は分離したかのように見えるが、そのまま混ぜ続ける。

6
残った①の牛乳と生クリームを少しずつ加えて泡立て器で混ぜる。

7
鍋に移して中火にかける。マリーズでこげないように混ぜながらアングレーズを炊く。

8
途中で火を弱めて、少しずつ全体が均等に火が入るように、じっくり82℃まで温度を上げて炊く。ツヤが出たら火からおろす。

> 75℃で湯気が出はじめ、79℃でたんぱく質に火が通る。82℃でツヤが出てくる。

●アパレイユをつくる

9
⑧にガナッシュを入れてアングレーズの温度を下げる。

10
泡立て器で一気に混ぜ、温かいうちにバターを加えてコクを出す。

11
バーミックスでよく混ぜる。

> ここでバーミックスを使うと格段になめらかな仕上がりに。パコジェットの場合、このときの状態のままアイスクリームになるので、ここでしっかり乳化させる。

●ビーカーに入れる・冷凍する

12
パコジェット専用ビーカーに漉し入れる。すぐに氷水にあてて冷やし、ショックフリーザーに入れて凍らせ、冷凍庫に移す。フロリレージュでは、朝仕込んで夜使う。

> 卵が鍋肌に固まってしまうことがあるために、最後に漉すこと。

●パコジェットにかける

13
専用のホルダーにビーカーを装着し、パコジェットにかける。

14
パコジェットにかけたアイスクリーム。すぐに使用しないときは、冷凍庫に入れて保管する。

基本｜アイスクリーム

ソルベ

苺のソルベ

技術指導／黒羽 徹（リストランテ プリマヴェーラ）

ソルベ（イタリア語ではソルベット）は、おもにフルーツやリキュールなどをベースにして、シロップなどで甘みをつけた氷菓で、ねっとりとしたなめらかな口当たりが持ち味。

卵や乳製品に火を入れるアングレーズベースのアイスクリームと違って、素材の香りや味わいをストレートに出すことができるのも特徴の一つだ。パコジェットの普及も、フレーバーの自由な発想を広げる一助となっているようだ。最近では、牛乳やチーズなどの乳製品を、アングレーズを炊かずに、さっぱりと軽いソルベにすることも多くなった。

さて、ソルベを製造するにあたって、フルーツなどは、ものによって糖度にばらつきがあるので、ソルベの品質を保つためには、糖度をはかることが大切になる。これにはブリックス計という糖度計を使うのが一般的だ。糖度が低いと、氷のようにかたく凍り、高いと、ねっとりとした状態に仕上がる。

またアパレイユにレモン汁やワインなどの酸味を加えると、味がきりっと締まり、色も鮮やかに保てる。

ソルベには一般的にヴィドフィクスなどの安定剤が使われることが多い。これを入れると、ねっとり感が増し、概して溶けにくくなるが、若干口溶けが劣り、食後に口の中にべったりとした甘さが残る傾向がある。

こうした安定剤を使用しなくても、ペクチンを多く含むフルーツを使ったり、脂肪分を加えたり、保水性の高いトレハロースや水飴を加えると、比較的水っぽくならず、なめらかに仕上がる。

ここでは「プリマヴェーラ」の地元、静岡産のイチゴ「紅ほっぺ」を使用したイチゴのソルベを紹介する。紅ほっぺは大粒で酸味と甘みのバランスがよく、味が濃厚で色も鮮やかな品種。

ピュレ（アパレイユ）をつくる
↓
アイスクリームマシンにかける
↓
冷凍庫で保管

＊パコジェットでもつくることができる。

イチゴ　300g
シロップ　以下を150cc
　グラニュー糖　100g
　水　200g
レモン汁　30cc
キルシュ酒　少量

1
イチゴのヘタを取り、半分に切る。

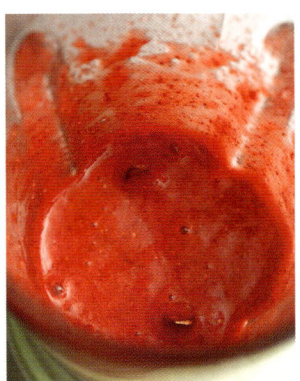

2
ミキサーに入れて回す。なめらかなピュレ状にする。

3

ボウルに移し、シロップを加える。

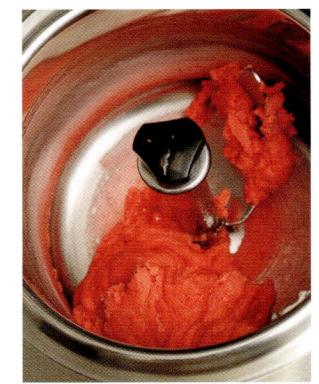

7

でき上がったソルベ。

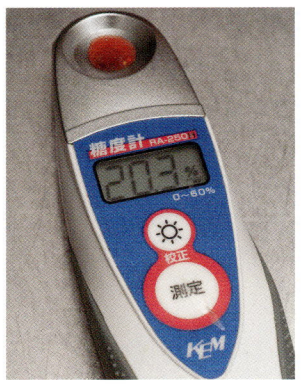

4

糖度をブリックス度20％にする。

糖度が低いときは、溶けやすい粉糖を加え、高すぎるときは水を加える。糖度が低いと氷のようにかたくなり、高すぎるとべったりとした甘ったるさが残る。

8

ポットなどに移して冷凍庫で保管する。

5

レモン汁とキルシュ酒を加えて味を締める。

6

アイスクリームマシンに20分間かける。

パルフェ

　パータボンブという生地とホイップクリームを合わせてつくるパルフェ。アイスクリームマシンを使わずに、ミキサーで手軽につくれるパルフェは、手狭な厨房などでは、とても重宝だ。
　フレーバーにバラエティを持たせるさいに、リキュールなどの液状のものや、スパイスのような粉末状のものを加えるときは、保形性の面から生クリームに混ぜてから泡立てるとよい。また、酸性のピュレや濃度のあるペーストなどは、直接生クリームに加えると、酸変性したり、ダマになりやすいので、パータボンブに加えてから、ホイップクリームと合わせるとよい。
　合わせたパルフェは、ショックフリーザーにかけて急速冷凍すると気泡がつぶれる時間をおかずに凍らせることができるので、軽い口当たりになる。なお、甘さは増すものの、糖度の高いリキュールやシロップなどを多く使うと、よりなめらかな仕上がりとなる。
　パルフェは生クリームの割合が多いため、アイスクリームよりも固く締まるので、アイスクリームケーキなどにも利用できる。

キルシュ入りピスタチオのパルフェ
技術指導／捧 雄介（パティスリー プレジール）

```
パータボンブをつくる
    ↓
生クリームを泡立てる
    ↓
パータボンブと生クリームを合わせる
    ↓
冷凍する
```

パータボンブ
  卵黄（L）　4個分
  シロップ＊
    グラニュー糖　140g
    水　100g
ピスタチオナッツペースト（生と焙煎のブレンド）＊＊　32g
生クリーム（乳脂肪分40％）　270g
キルシュ酒　20g

＊シロップはグラニュー糖と水を合わせて火にかけて沸騰させる。
＊＊生タイプは色が美しいが香りがとぼしい。焙煎タイプは色はくすむが香りがよい。両者をブレンドして色と香りを補う。

● パータボンブをつくる

1
卵黄をミキサー（ホイッパー）の高速回転で回す。

2
白っぽくもったりとしてきたら、沸騰したシロップを少量ずつ加える。

一気に入れると卵黄に火が入ってしまうので注意。

3
冷めるまで高速回転を保って回し、パータボンブをつくる。

4
パータボンブが冷めたらピスタチオナッツペーストを加える。

5
再びミキサーで混ぜる。

●生クリームを泡立てる

6
生クリームの中にキルシュ酒を入れて、しっかりツノが立つまでホイッパーで泡立てる。かたさが出てくるまでしっかりと。

> キルシュ酒のような液体を加えて味や色をつける場合、必ず生クリームと合わせて泡立てておかないと、パータボンブと合わせるときに気泡がつぶれてしまう。

●パータボンブと生クリームを合わせる

7
⑤の1/3量を⑥に加えて、泡立て器でしっかり混ぜる。

> ここでよく混ぜておかないと、最後にダマが残ってしまう。

8
残りの⑤を加えて、泡立て器で5〜6割程度混ぜる（写真参照）。

> 泡立て器で完全に混ぜると気泡がつぶれてしまう。

9
マリーズに持ちかえて、混ざりきらなかった部分をさっくりと混ぜ合わせる。

●冷凍する

10
容器に流し、ラップフィルムをかける。ショックフリーザーに入れて1〜2時間おいたら、冷凍庫に移して保管する。使用時は用途に合わせて、練ったり、成形して使用する。

> 急速冷凍にかけたほうが、気泡がつぶれる間もなく短時間で凍る。

グラニテ

巨峰のグラニテ
技術指導／伊藤延吉（リストランテ ラ バリック）

果汁やコンポートにした煮汁などの糖度の低いシロップ、コーヒー液、リキュールなどを利用してつくるグラニテ（イタリア語ではグラニータ）。

従来はコースの中で口直しとして使われてきたが、生クリームなどの乳製品は加えずにつくるので、液体そのものの味をシャープに感じさせることができるし、冷たさをストレートに伝えることができるため、デザートのアクセントとして利用されることも多くなってきた。

グラニテはシャーベットの一種で、糖度の低いシロップを冷凍庫に入れて、完全に凍る手前の半凍結の状態で混ぜることを何度もくり返すことで、ざらめのような細かい粒状に凍らせたものをいう。数分おきに混ぜるのだが、この回数を増やすほど、細かい粉末状になる。粗めのざらざらの状態にしたい場合は、練らずに細かく割るようにして仕上げる。ここでは泡立て器を用いたが、バットなどに薄く凍らせてスケッパーなどで砕く方法もある。

シロップの糖度を上げすぎると、かたく凍りにくくなり、きれいに砕けないので注意したい。

```
シロップをつくる
  ↓
 冷凍する
  ↓
  砕く
  ↓
冷凍と砕くことをくり返す
```

巨峰（種無し）＊　450g
グラニュー糖　50g
赤ワイン　30g

＊旬の時季にまとめて房からはずして冷凍しておく。

●シロップをつくる

1
巨峰を冷蔵庫に移して解凍する。

2
ミキサーに入れて、グラニュー糖を加える。

冷凍すると組織が壊れるために果汁が出やすくなる。解凍して出た果汁も一緒にミキサーに。

3
赤ワインを加える。
味にメリハリをつけるためにタンニンを補って、渋みを加える。

7
20分間ほどたつと、ボウルのまわりからしゃりしゃりに凍りはじめる。

4
ミキサーに30〜40秒間かける。

8
入れておいた泡立て器で混ぜる。再び冷凍庫に入れる。15分ごとにかき混ぜることをくり返す。

5
シノワで漉す。レードルなどで押して、ボウルの中に搾り取る。

9
2時間ほどたった状態。このあともずっと15分ごとにかき混ぜる。

●冷凍する・かき混ぜる

6
泡立て器を入れた状態で冷凍庫に入れる。

10
4時間ほどたった状態。グラニテのでき上がり。

アイスパウダー

アイスパウダーは、アイスクリームやソルベのアパレイユを、液体窒素の中に入れて超低温（－196℃）で瞬間に固く凍結させたのち、フードプロセッサーで粉末状にしたもの。

最近では飴でつくった薄いボールの中にアイスパウダーを閉じ込めたり、デザートに添えるなど、新しい氷菓の一つとして利用されている。飴の中に詰めるという手法はよくとられるが、これは冷たいほうが都合のよい飴（パリンと割れる）にとっても、閉じ込めて外気を遮断したほうが溶けないアイスパウダーにとっても、物理的に利にかなったことである。

アイスパウダーの特徴の一つに、凍結したものをパウダー状にすると、中に空気が含まれないので、口に入れたときにアパレイユの香りを感じやすいということがある。アイスパウダーは、アイスクリームやシャーベットと違ってパウダー単体で提供するというよりも、この特徴を生かすために、何かと組み合わせて用いることが多い。

ホワイトチョコレートのアイスパウダー

技術指導／古賀哲司（オルタシア）

```
アパレイユをつくる
     ↓
液体窒素で凍結させる
     ↓
   粉砕する
```

アパレイユ
  ホワイトチョコレート　320g
  牛乳　1リットル
  生クリーム（乳脂肪分47%）　250g
  転化糖（トリモリン）　115g
  グラニュー糖　125g
  安定剤（ヴィドフィクス）　7.5g
  フランボワーズのオードヴィー　40g
液体窒素　適量
＊以下のプロセス写真は上記配合の1/2量で撮影。

液体窒素の取扱いについて

「オルタシア」では、使用する液体窒素は医療関連の販売店から購入しているが、その他に酸素販売店などからも入手できるようだ。購入には免許などの必要はとくにない。

通常、専用の容器に入れて保管する。同店では30リットルの容器を使用し、平均3日に1度くらいの頻度で補充している。容器は購入したものだが、案外値がはるので、レンタルという方法もあるだろう。

液体窒素は－196℃という超低温のため、目などの粘膜に飛ぶと危険なので、取扱いには注意が必要だ。また、使用中に容器が倒れて大量に流出すると、液体窒素が気化して酸欠になってしまうので、取扱いは慎重に。換気ができないところで使用すると、万が一の事故に対応できない。ただ液体窒素は揮発性の液体なので、少しの量ならば肌にかかっても、大事に至ることは少ないという。

なお使用後の液体窒素は、揮発したあとの液体なので、そのままシンクに流して問題はない。

アイスパウダーのアパレイユについて

アイスパウダーのアパレイユについては、とくに向き不向きはない。糖度、脂肪分、水分量などの多少は、あまり関係ないようだ。液体窒素は、アパレイユ中の空気（酸素）に入り込んで凍るので、アパレイユ中に酸素が含まれている液体ならば、どんなものでもアイスパウダーにできるのだ。

ただアングレーズやエスプーマなど、細かい気泡がたくさん入っているアパレイユのほうが、アイスパウダーにしたときに、溶けにくくなるという傾向がある。

アイスパウダーは空気を含んでいないので、香りを直接感じやすいため、フレーバーの主素材には、香りのあるもの、また香りを感じさせたいものを使うと効果的だ。

● アパレイユをつくる

1
生クリームの中に転化糖を入れて泡立て器でよく混ぜる。火にかけて、泡立て器で混ぜながら溶かす。

2
グラニュー糖と安定剤を混ぜておく。これを①の中に入れる。

あらかじめ安定剤は、グラニュー糖と混ぜておくと、生クリームに均一に混ざりやすい。

3
沸騰寸前まで加熱する。

4
ホワイトチョコレートは湯煎にかけてやわらかくしておく。ここに③を入れて泡立て器で混ぜる。

5
バーミックス（量が多いときはミキサー）にかけて、ツヤを出して冷ます。空気を十分に含ませる。

6
オードヴィーを入れて、マリーズで混ぜる。

> 甘いホワイトチョコレートに、リキュールを加えると、さらに甘みがついてしまうので、ここではオードヴィーを加えた。

●液体窒素で凍結させる

7
ボウルに液体窒素を注ぎ入れて、泡立て器で混ぜておく。

8
液体窒素に⑥のアパレイユを注ぎ入れる。アパレイユの酸素の中に液体窒素がどんどん入っていき、固く凍結する。煙と泡が大量に出てくる。

●粉砕する

9
写真程度まで落ち着いてきたら、泡立て器でざっくりと砕く。

10
ザルで液体窒素を漉す。

11
フードプロセッサーに移して回し、細かいパウダー状にする。

12
粉末状になったアイスパウダー。

本書で使用したアイスクリームづくりの機器

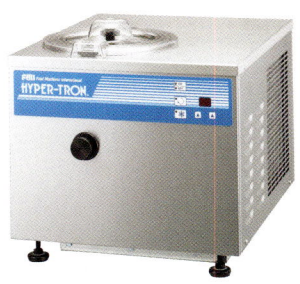

ハイパートロン ミニ

モーターの回転を直接スクレーパーに伝えるカップリング駆動方式を採用。耐久性に優れ、強力な撹拌力、冷却力を備える。ミックスの撹拌（スクレーパー）とかき取り機能（ブレード）を同時にこなせることにより、なめらかで、均一でキメ細かなアイスクリームをつくることができる。60分の稼動で、90人分と45人分の処理が可能な2機種のマシンがある。

アイスクリームマシン

乳脂肪分の高い生クリームを使ったアパレイユでも分離しにくいので、濃厚なアイスクリームやソルベをつくることができる。「ジェラート単品で提供するならば、ねっとりとした食感が優るマシンを使う」（リストランテ プリマヴェーラ黒羽シェフ）、「なめらかな口溶け感を求めるならば、やはりマシン」（オルタシア古賀シェフ）とマシンの食感のよさをあげる。

仕込む分量によるが、アパレイユをマシンに入れてスタートしてからでき上がるまでにパコジェットと比べて、多少時間がかかる（6頁のバニラのアイスクリームは10分程度、12頁の苺のソルベは20分程度）。

パコジェット

アパレイユを専用ビーカーに入れて冷凍し、冷凍のままパコジェットにセットしてこれを特殊刃で粉砕し、アイスクリームにする。冷凍したまま加工して保存するので、冷凍庫さえあれば多品種をよい状態で用意できるうえ、他の料理にも使えるので、これを導入しているレストランは増えてきた。

粉砕量は1〜10ポーションまで設定ができ（容量800ml、1ポーション80ml処理時間40秒）、必要なだけ粉砕することができるのだが、たとえショックフリーザーにかけて急速冷凍したとしても、ビーカーに入れたアパレイユの比重が上と下では違う場合がある。厳密な意味で品質を均一化するためには、全量を一度に粉砕する必要がある。また、油脂分の高いアパレイユの場合、粉砕して残ったときは再び冷凍して用いるのだが、何度もこれをくり返すと分離したようなざらついた食感となる。そんなときは「ビーカーいっぱいまで入れずに、一回で使いきる量を冷凍すればいい」と古賀シェフ。

レストランのデザートは、繊細な香りや瞬間的なおいしさ、軽さが求められる。そのために、つくりたての口溶けや香りが際立つパコジェットを選ぶシェフも多い。

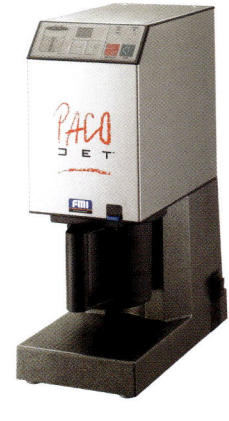

パコジェット

食材を仕込んでフリージングし、必要なとき必要な量だけ、無駄なく調理できる画期的な調理器具。食材の鮮度を保持し、味、色、栄養価を保つことができる。専用容器で冷凍した食材を解凍することなく凍ったまま、特殊刃の回転によって、0.01mm以下に粉砕する。3回裏漉しをした以上のなめらかな食感のピュレ状、ムース状に仕上げることができる。

ミキサー

パルフェは、ボウルと泡立て器だけでつくることができる手軽な氷菓。本書において撹拌作業はミキサーで代用した。

キッチンエイド KSM5WH　＊扱いやすいアームアップタイプ。

90年以上にわたり数多くのパティシエに重宝されてきた、製菓、製パンに欠かせない伝統的な定番の多機能ミキサー。独自のプラネタリー撹拌（ビーター部分と撹拌部品取付軸を、それぞれ反対方向に回転させる同一撹拌軌跡を描かない撹拌機能）によって、きめの細かい均一なミキシングができる。用途に合わせて低速から高速回転まで6段階のスピード調節が可能。速度調節レバーは、上記6段階の目盛りの間にセットすることもできる使い勝手のよいミキサー。

商品問合せ先
株式会社エフ・エム・アイ
東京都港区麻布台1-11-9
電話03-5561-6521

第2章
フレーバーのバラエティ 105

「アイスクリーム」「ソルベ」「パルフェ・スフレグラス・セミフレッド」「グラニテ」に分けて、それぞれのフレーバーごとにそのレシピを解説したレシピ図鑑。各店デザートに使っている氷菓をまとめて紹介した。

それぞれの名称の脇に記した  は、使用する機器を示したもの。Ⓜはアイスクリームマシン（ジェラートマシン）、Ⓟはパコジェット、Ⓦはミキサーのホイッパーを表わす。
なお、アイスクリームやソルベなどの仕込み量は、各店の配合に準じる。また第2章、第3章とも、バターはすべて無塩バターを使用し、オリーブ油はすべてエクストラヴァージンオリーブ油を使用した。

> フレーバーのバラエティ

アイスクリーム

バニラのアイスクリーム
フロリレージュ

牛乳が多めのさっぱりした味わいのバニラアイスクリーム。

牛乳　500g
生クリーム（乳脂肪分47％）　150g
バニラスティック　1本
卵黄　120g
グラニュー糖　100g

1　牛乳、生クリームを合わせ、バニラスティックは種を取り出し、サヤとともに加える。これを火にかけて沸騰直前まで温める。
2　卵黄とグラニュー糖を混ぜ合わせる。ブランシールはしていない。ここに①を入れて火にかけ、マリーズで混ぜながら、ゆっくり82℃まで温度を上げてアングレーズを炊く。
3　これを漉し、パコジェットのビーカーに入れて、すぐにショックフリーザーで−40℃に凍らせて、冷凍庫に移す。
4　使用時に、パコジェットにかける。

バニラのアイスクリーム
リストランテ ラ バリック

牛乳をたっぷり加えた、なめらかで軽いアイスクリーム。衛生面から、牛乳と生クリームは一旦沸騰させている。

牛乳　450g
生クリーム（乳脂肪分47％）　150g
バニラスティック　1/2本（2g）
卵黄　4個分（75g）
グラニュー糖　120g

1　牛乳と生クリームにバニラスティックの種をしごいて、サヤとともに合わせて火にかけ、沸騰させる。
2　卵黄とグラニュー糖を混ぜ合わせる。ここに①を入れてよく混ぜ、弱火から中火にかけ、木ベラで混ぜながら、82℃までゆっくり加熱する。
3　サヤを取り除いて氷水にあてて冷ます。冷めたらよく混ぜて、パコジェットのビーカーに入れて冷凍庫で一昼夜凍らせる。
4　使用時に、パコジェットにかける。

アングレーズのアイスクリーム
フロリレージュ

合わせる素材を生かすため、バニラの香りをつけずに、生クリームを減らし、糖分を上げた。

牛乳　500g
生クリーム（乳脂肪分47％）　140g
卵黄　120g
グラニュー糖　110g

1　牛乳、生クリームを合わせ、火にかけて沸騰直前まで温める。
2　卵黄とグラニュー糖を混ぜ合わせる。ブランシールはしていない。ここに①を入れて火にかけ、マリーズで混ぜながら、ゆっくり82℃まで温度を上げてアングレーズを炊く。
3　これを漉し、パコジェットのビーカーに入れて、すぐにショックフリーザーで－40℃に凍らせて、冷凍庫に移す。
4　使用時に、パコジェットにかける。

キャラメルのアイスクリーム
フロリレージュ

とろりとやわらかいアイスクリーム。パコジェットにかけたあとでかたく凍らせたいときには、冷凍庫ではなくショックフリーザーに入れる。

牛乳　450g
生クリーム（乳脂肪分47％）　135g
卵黄　120g
グラニュー糖　110g
バター　20g

1　牛乳と生クリームを沸騰直前まで熱する。
2　グラニュー糖40gと少量の水（分量外）を鍋に入れて火にかける。薄いコーヒー色になったら、①を入れて、キャラメリゼを止める。
3　卵黄とグラニュー糖70gを鍋に入れて混ぜ合わせ、②を注いで火にかける。アングレーズの要領で82℃まで温度を上げて炊く。
4　これを漉し、バターを溶かし込んでパコジェットのビーカーに入れて、すぐにショックフリーザーで－40℃に凍らせて、冷凍庫に移す。
5　使用時に、パコジェットにかける。

アカシア蜂蜜のアイスクリーム
リストランテ ラ バリック

どんな素材にも合わせやすい、比較的くせのない蜂蜜のアイスクリーム。コクを出すためにバターを加えた。

牛乳　250g
生クリーム（乳脂肪分47％）　80g
バター　15g
卵黄　5個分（90g）
ハチミツ（アカシア）　100g
スキムミルク　35g

1　牛乳、生クリーム、バターを鍋に入れて火にかけ、40℃まで温めて溶かす。
2　卵黄とハチミツ、スキムミルクをミキサーボウルに入れてホイッパーですり混ぜる。
3　①を加えてよく混ぜて鍋に移す。火にかけ、アングレーズの要領で82℃になるまでゆっくり炊く。氷水をあてて冷やす。
4　パコジェットのビーカーに入れて冷凍庫で一昼夜凍らせる。
5　使用時に、パコジェットにかける。

蜂蜜のアイスクリーム
リストランテ プリマヴェーラ

合わせる素材を選ばない、くせのないアイスクリーム。ハチミツを加えることで、よりなめらかに。

牛乳　600cc
卵黄　6個分
グラニュー糖　100g
生クリーム（乳脂肪分35％）　200cc
ハチミツ　150g

1　牛乳を鍋に入れて沸騰直前まで沸かす。
2　ミキサーボウルに卵黄とグラニュー糖を入れ、ホイッパーで白っぽくなるまでよく混ぜ合わせる。
3　ここに①の牛乳を加えて混ぜ合わせる。
4　鍋に戻し、弱火にかける。木ベラを使って絶えずかき混ぜる。ゆっくり83℃まで上げる。
5　とろみが出てきたらアミで漉して冷ます。
6　⑤に生クリームとハチミツを加え、アイスクリームマシンにかける。

メープルのアイスクリーム
オルタシア

黒糖のような濃厚な味のメープルを使うが、くどくならないようにバナナのピュレを合わせた。

メープルシロップ（モラセス）　178g
バナナのピュレ*　125g
牛乳　200g
生クリーム（乳脂肪分47％）　400g
バニラスティック　1/2本
卵黄　5個分
グラニュー糖　10g
和三盆　10g
ラム酒（ダーク）　30g

*フレッシュバナナ1/2本をミキサーにかけてピュレにする。

1　牛乳、生クリーム、バニラスティックを鍋に入れて火にかける。
2　卵黄、グラニュー糖、和三盆をよく混ぜ合わせる。
3　①が沸いたら、少量ずつ②に加えて混ぜる。
4　メープルシロップ、バナナのピュレを加えてアングレーズを炊く。83℃までゆっくり温度を上げる。
5　裏漉しし、氷水にあて、冷めたらラム酒を加える。
6　パコジェットのビーカーに入れて、ショックフリーザーで冷やし固めて冷凍庫に移す。
7　使用時に、パコジェットにかける。

チーズのアイスクリーム

フロリレージュ

フルムダンベールという青カビタイプのチーズをアングレーズに溶かしてつくる。卵黄を多めにすると、チーズとの相性がぐっとよくなる。

フルムダンベール　80g
バター　50g
牛乳　300g
生クリーム（乳脂肪分47%）　300g
卵黄　155g
グラニュー糖　140g

1　牛乳と生クリームを火にかける。
2　卵黄とグラニュー糖をよく混ぜ、沸騰寸前の①を加えて火にかけ、マリーズで混ぜながら、82℃まで温度を上げる。
3　火からおろす寸前に、小さいさいの目に切ったフルムダンベールとバターを加えて、よく混ぜ合わせる。バターはモンテするような感覚で溶かし込む。
4　熱いうちにパコジェットのビーカーに入れて、ショックフリーザーで-40℃に凍らせて、冷凍庫に移す。
5　使用時に、パコジェットにかける。

ホワイトチョコレートのアイスクリーム

リストランテ ラ バリック

ホワイトチョコレートの甘さを、香辛料のオールスパイスを加えてきりっと引き締めた。

ホワイトチョコレート　100g
牛乳　350g
生クリーム（乳脂肪分47%）　100g
卵黄　5個分
グラニュー糖　40g
オールスパイス　小さじ2

1　牛乳と生クリームを合わせて火にかけ、60℃まで温める。
2　鍋に卵黄とグラニュー糖を入れて混ぜ合わせ、オールスパイスを加える。
3　ここに温めた①を入れて混ぜ合わせ、火にかけて、アングレーズを炊く。ゆっくり82℃まで温度を上げる。
4　ホワイトチョコレートを入れて、溶かす。
5　パコジェットのビーカーに入れて冷凍庫で一昼夜凍らせる。
6　使用時に、パコジェットにかける。

オリーブオイルのアイスクリーム

リストランテ ラ バリック

不思議と冷たさを感じさせない、つるりとした独特の食感。分離寸前まで油を加えてつくる。

オリーブ油　200g
水　100g
生クリーム（乳脂肪分47%）　120g
水飴　200g
卵黄　4個分（75g）

1　水、生クリーム、水飴を鍋に入れ、火にかける。水飴が溶けるまで（約40℃）加熱する。
2　卵黄をミキサーボウルに入れてホイッパーで白っぽくなるまですり混ぜて、①を混ぜる。
3　鍋に移して火にかけ、アングレーズの要領で、ゆっくり82℃になるまで炊く。
4　氷水で冷やす。冷めたらオリーブ油を加えてホイッパーで混ぜる。
5　パコジェットのビーカーに入れて冷凍庫で一昼夜凍らせる。
6　使用時に、パコジェットにかける。

コーヒーのアイスクリーム

リストランテ ラ バリック

ミルクコーヒーのような味わいのアイスクリーム。挽いたコーヒー豆をアンフュゼして風味を移す。

コーヒー豆（挽いたもの）　40g
牛乳　450g
生クリーム（乳脂肪分47%）　150g
卵黄　4個分（75g）
グラニュー糖　120g

1　コーヒー豆、牛乳、生クリームを鍋に入れて火にかけ、沸騰直前まで沸かす。蓋をして30分間おいたのち、漉す。
2　卵黄とグラニュー糖をミキサーボウルに入れてホイッパーですり混ぜる。
3　①を加えてよく混ぜて鍋に移す。火にかけ、アングレーズの要領で82℃になるまでゆっくり炊く。氷水をあてて冷やす。
4　パコジェットのビーカーに入れて冷凍庫で一昼夜凍らせる。
5　使用時に、パコジェットにかける。

マンゴーティのアイスクリーム

オルタシア

マンゴーティの香りは、パコジェットで空気を入れるとさらに際立つ。ティのフレーバーのよさだけを出せるのがパコジェットの利点でもある。

マンゴーティ（茶葉）　4g
牛乳　100g
バニラスティック　1/8本
卵黄　1個分
グラニュー糖　20g
マンゴーピュレ（冷凍）　20g
生クリーム（乳脂肪分38%）　25g

1　鍋に牛乳を入れ、バニラスティックを加えて火にかける。沸いたらマンゴーティを入れて、弱火で1分間煮る。
2　火からおろし、蓋をして3分間おいて香りを移す。これを漉して再び沸かす。
3　卵黄とグラニュー糖はよく混ぜ、解凍したマンゴーピュレを加える。ここに②を少しずつ加えてよく混ぜる。
4　鍋に移して火にかけ、アングレーズを炊く。83℃までゆっくり上げる。
5　これを漉し、氷水にあてて冷まし、8分立てにした生クリームを混ぜる。
6　パコジェットのビーカーに入れて、ショックフリーザーで冷やし固めて、冷凍庫に移す。
7　使用時に、パコジェットにかける。

白苺のアイスクリーム

オルタシア

イチゴに穴をあけて牛乳につけて香りを移した、淡いイチゴ風味。白いのにイチゴの香りがするというギャップが楽しい。

イチゴ　330g
牛乳　100g
生クリーム（乳脂肪分38%）　110g
水飴　60g
卵黄　7個分
グラニュー糖　150g

1　イチゴに串で数ヵ所深めの穴をあけて、牛乳の中に一晩つけておく。
2　①を軽く押しながら鍋に漉し入れる。あまり押しすぎると色がついてしまう。
3　生クリーム、水飴を加えて、火にかけ、沸騰直前まで温める。
4　卵黄とグラニュー糖をよく混ぜる。ここに③を加え、よくなじませて鍋に戻す。
5　火にかけてアングレーズを炊く。80℃までゆっくり温度を上げる。
6　漉して冷やし、パコジェットのビーカーに入れてショックフリーザーで冷やし固めて、冷凍庫に移す。
7　使用時に、パコジェットにかける。

パイナップルのアイスクリーム

オルタシア

パイナップルにココナッツミルクを入れることで、味の輪郭をはっきりさせた。

パイナップル　150g
ココナッツミルク　45g
卵黄　3個分
グラニュー糖　30g
ココナッツリキュール　8g

1　パイナップルはミキサーでピュレ状にする。ココナッツミルクを合わせて火にかけ、沸騰直前まで沸かす。
2　卵黄とグラニュー糖をよく混ぜ合わせておく。ここに①を少しずつ加えてよく混ぜる。
3　鍋に移し、火にかけてアングレーズを炊く。82℃までゆっくり上げる。
4　火からおろし、氷水をあてて冷ます。ココナッツリキュールを加える。
5　パコジェットのビーカーに入れて、ショックフリーザーで冷やし固めて、冷凍庫に移す。
6　使用時に、パコジェットにかける。

人参のアイスクリーム

オルタシア

雪ノ下ニンジンを使用。特有の香りと甘みをもつので、砂糖は控えめにした。

ニンジンのピュレ＊　225g
牛乳　300g
バニラスティック　1本
卵黄　90g
和三盆　30g
キビ糖　30g
生クリーム（乳脂肪分47％）　37.5g
クミンパウダー　0.8g
塩　1つまみ

＊ニンジン500gは縦に四つ割りにし、芯の部分を切り取る。2cm長さのざく切りにし、バター50gでしんなり炒める。浸るくらいの水、ローリエ1枚を入れて、中火で水気がなくなるまで煮る。ここに牛乳を浸るくらい注ぎ、再度水分がなくなるまで中火で煮詰め、ミキサーでピュレにする。

1　卵黄、和三盆、キビ糖をよく混ぜ合わせておく。
2　牛乳にバニラスティックを入れて火にかけ沸かす。①の中に少しずつ加えてよく混ぜる。
3　鍋に移して火にかけてアングレーズを炊く。83℃まで上げる。
4　氷水をあてて冷まし、ニンジンのピュレ、生クリームを混ぜる。最後にクミンパウダーと塩で味を調える。
5　パコジェットのビーカーに入れて、ショックフリーザーで冷やし固めて、冷凍庫に移す。
6　使用時に、パコジェットにかける。

キャベツのアイスクリーム

フロリレージュ

キャベツの甘い独特の風味がほのかに香る、アイスクリーム。キャベツは火を通してから用いる。

キャベツ（芯を取り除く）　300g
バター　40g
塩　1つまみ
牛乳　400g
卵黄　80g
グラニュー糖　70g

1　まずキャベツをエチュベする。バターを鍋に入れて溶かし、ざく切りにしたキャベツ、塩を入れて蓋をする。
2　弱火で5～6分間くたくたになるまで煮る。甘みが出てきたら、牛乳を加えて火を止め、ラップフィルムをぴったりとかぶせて香りを移す。このまま自然に冷ます。
3　冷めたらキャベツと牛乳をミキサーにかけ、なめらかにして漉す。
4　卵黄、グラニュー糖を混ぜる。ブランシールの必要はない。混ざったらすぐに③を入れて火にかけ、アングレーズの要領で82℃までゆっくり温度を上げる。
5　これを漉し、パコジェットのビーカーに入れて、ショックフリーザーで－40℃に凍らせて、冷凍庫に移す。
6　使用時に、パコジェットにかける。

葉にんにくのアイスクリーム

リストランテ プリマヴェーラ

ニンニクの葉の香りをアングレーズに抽出してつくった、クリーミーなアイスクリーム。

ニンニクの葉　100g
牛乳　500g
生クリーム（乳脂肪分35％）　200g
卵黄　4個分
グラニュー糖　250g

1　牛乳に、ニンニクの葉の部分をざく切りにして浸し、一晩おく。
2　翌日①を漉して、火にかけて沸騰直前で火からおろす。
3　ミキサーボウルに卵黄、グラニュー糖を入れホイッパーで白っぽくなるまでかき立てる。
4　③に②を少しずつ加え混ぜ合わせる。
5　鍋に戻し、弱火にかけ、木べらなどでたえず混ぜながら、ゆっくり83℃まで炊く。
6　これを漉して、氷水にあてて冷やし、生クリームを加える。
7　アイスクリームマシンにかける。

ピスタチオのアイスクリーム

リストランテ ラ バリック

ローストしたピスタチオのこうばしさを牛乳に抽出してつくるアイスクリーム。

ピスタチオナッツ（皮をむいたもの）　60g
牛乳　500g
卵黄　4個分
グラニュー糖　65g

1　ピスタチオナッツを天板に並べ、170℃のオーブンに20分間入れてローストする。
2　牛乳とピスタチオナッツをミキサーにかけ、鍋に移して60℃まで温める。
3　蓋をして一晩冷蔵庫におき、ピスタチオナッツの風味を牛乳に移す。
4　卵黄とグラニュー糖を混ぜて、③を加える。火にかけてアングレーズを炊く。82℃まで温度を上げる。
5　氷水にあてて冷やし、パコジェットのビーカーに入れて冷凍庫で一昼夜凍らせる。
6　使用時に、パコジェットにかける。

シナモンのアイスクリーム

リストランテ ラ バリック

シナモンの香りを強めに出すことがポイント。しっかり香りを移すこと。

シナモンスティック　2本
牛乳　450g
生クリーム（乳脂肪分47%）　150g
卵黄　4個分
グラニュー糖　120g

1　牛乳、生クリーム、シナモンスティックを合わせて沸かす。沸騰したら火を止めて、蓋をして2時間そのままおいて香りをつける。
2　卵黄、グラニュー糖を混ぜ合わせ、①を少しずつ加えて、泡立て器で混ぜる。弱火から中火にかけ、木ベラで混ぜながら、82℃までゆっくり加熱する。
3　火からおろして冷水にあてて冷まし、よく混ぜたのち、パコジェットのビーカーに入れて冷凍庫で一昼夜凍らせる。
4　使用時に、パコジェットにかける。

フレーバーのバラエティ｜アイスクリーム

サフランのアイスクリーム Ⓜ

リストランテ プリマヴェーラ

サフランの個性的な味と、鮮やかな色が特徴。

サフラン（ホール）　0.6g
牛乳　500g
生クリーム（乳脂肪分35%）　200g
グラニュー糖　116g
卵黄　4個分

1　牛乳、サフランを鍋に入れ火にかけ、沸騰直前で火からおろす。
2　ミキサーボウルに卵黄、グラニュー糖を入れ、ホイッパーで白っぽくなるまでかき立てる。
3　②に①を少しずつ加え、混ぜ合わせる。
4　鍋に戻し、弱火にかけ、木ベラなどでたえず混ぜながら、83℃になるまでゆっくり炊く。
5　漉して、氷水にあてて冷やし、生クリームを加える。
6　アイスクリームマシンにかける。

フォアグラのアイスクリーム Ⓟ

オルタシア

フォワグラは火を入れたテリーヌを使用した。デザートだけでなく、前菜などにも利用できる。

フォワグラのテリーヌ＊　250g
牛乳　500g
卵黄　6個分
グラニュー糖　120g
マデラ酒　適量
塩　多めの2つまみ

＊デネルヴェ（掃除）したフォワグラ500gを真空袋に入れる。塩5.5g、和三盆15g、白コショウ0.9g、赤ポルト酒32.5g、コニャック20gを沸かしてアルコールを飛ばし、フォワグラの中に注ぎ、100％真空にかけ、一晩マリネする。48℃のスチームコンベクションオーブンで芯温42℃になるまで温めて、一晩冷蔵庫でねかせる。

1　卵黄とグラニュー糖を混ぜる。ここに沸かした牛乳を注いで混ぜる。
2　湯煎にかけて、アングレーズを炊く。81℃までゆっくり温度を上げる。
3　フォワグラのテリーヌをミキサーで回し、②を少しずつ加える。マデラ酒と塩で味を調えて漉す。
4　パコジェットのビーカーに入れてショックフリーザーで冷やし固めて、冷凍庫に移す。
5　使用時に、パコジェットにかける。

フレーバーのバラエティ

ソルベ

M + P

レモンのソルベ
リストランテ プリマヴェーラ

スパイスを加えてレモンを複雑な味わいに。軽くてクリーミーにするために、マシンにかけて凍らせたのち、パコジェットにかけて軽く仕上げた。

レモンの表皮　5個分
ミネラルウォーター　500g
グラニュー糖　130g
八角　1個
レモン汁　適量

1　ミネラルウォーターとグラニュー糖と八角を火にかけ、沸騰させる。
2　沸いたら火からおろし、すりおろしたレモンの表皮を入れる。氷水にあてて冷ます。
3　冷めたら漉して、レモン汁で味を調え、アイスクリームマシンにかける。
4　パコジェットのビーカーに移し、ショックフリーザーで冷やし固めて、冷凍庫に移す。
5　使用時に、パコジェットにかける。

柑橘のソルベ

フロリレージュ

複数の柑橘類を使ったソルベ。果汁が抜けないように、薄皮を残したまま火にかける。

甘夏柑　1個
ミカン　4個
グレープフルーツ（白）　1個
グラニュー糖　120g
バター　80g
クエン酸　2g

1　柑橘類はすべて表皮をむく。薄皮は残したままの状態で、3種合計500gを用意する。
2　すべての材料を合わせて火にかける。実がくたくたにやわらかくなったら、ミキサーにかけて漉す。
3　パコジェットのビーカーに入れて、ショックフリーザーで-40℃に凍らせて、冷凍庫に移す。
4　使用時に、パコジェットにかける。

せとかのソルベ

オルタシア

糖度が高く濃厚な味のセトカを使ったソルベ。チョコレートや鴨などの強い素材にも負けない。

セトカ＊（果肉のみ）　9個
転化糖（トリモリン）　煮詰めたセトカの総量の2割（100g）
レモン汁　25g
シロップ　以下を35g
　グラニュー糖　130g
　水　100g

＊皮がきわめて薄い、糖度の高い大型のミカン。

1　セトカをジューサーにかけて絞る。1リットルを取り分けて、鍋に入れて火にかけ、半量（500g）になるまで煮詰める。
2　総量の2割の転化糖を入れて溶かす。レモン汁、シロップを加えて味を調える。
3　パコジェットのビーカーに入れてショックフリーザーで冷やし固めて、冷凍庫に移す。
4　使用時に、パコジェットにかける。

ゆずのソルベ

リストランテ ラ バリック ㋐

味の濃い無糖のユズジュース（高知産）を使ったソルベ。強い個性のデザートに添えても存在感のある味。

ユズジュース（無糖瓶詰め）　430g
グラニュー糖　200g

1　ユズジュースにグラニュー糖を加えてよく混ぜる。
2　パコジェットのビーカーに入れて、冷凍庫で一昼夜凍らせる。
3　使用時に、パコジェットにかける。

金柑のソルベ

リストランテ プリマヴェーラ ㋐

キンカンのねっとり感（ペクチン）が安定剤がわりとなって、なめらかなソルベに。

金柑のピュレ　以下を200g
　キンカン　200g
　グラニュー糖　100g
　水　200g
牛乳　500cc
グラニュー糖　100g
生クリーム（乳脂肪分35％）　100cc

1　まず金柑のピュレをつくる。金柑は半割にして種を取り、グラニュー糖、水でやわらかくなるまで煮て、ミキサーにかける。
2　牛乳、グラニュー糖、金柑のピュレを鍋に入れて火にかける。沸騰直前で火からおろして、漉して冷ます。
3　生クリームを加え、アイスクリームマシンにかける。

フレーバーのバラエティ｜ソルベ

桃のソルベ

リストランテ ラ バリック

シンプルな配合で、フレッシュのモモの風味を生かしたソルベ。

モモ　3個
シロップ　300g
　グラニュー糖　2
　水　3
レモン汁　少量

1　モモは皮をむいて、種を取り除く。果肉をざく切りにして、変色しないようにレモン汁をからめておく。
2　パコジェットのビーカーに、モモとシロップを入れて、冷凍庫で一昼夜凍らせる。
3　使用時に、パコジェットにかける。

桃のソルベ

オルタシア

ピンク色のかわいらしいソルベ。フレッシュのモモを使ってもよい。

モモのピュレ（冷凍）＊　1kg
水　200g
グラニュー糖　75g
転化糖（トリモリン）　75g
レモン汁　1個分
モモのリキュール　30g

＊ボワロンを使用。冷凍なので溶かしておく。

1　水、グラニュー糖、転化糖を火にかけ、沸騰させる。
2　これをモモのピュレに加えてよく混ぜ、レモン汁を加えて味を調える。
3　最後にモモのリキュールを加えて、パコジェットのビーカーに入れてショックフリーザーで冷やし固めて、冷凍庫に移す。
4　使用時に、パコジェットにかける。

青りんごのソルベ

リストランテ ラ バリック

青リンゴとシロップでつくる、シンプルなソルベ。余分なものは何も加えていないので、さわやかな青リンゴの風味が際立つ。

青リンゴのピュレ（冷凍）　400g
シロップ　200g
　グラニュー糖　2
　水　1

1　青リンゴのピュレにシロップをよく混ぜる。
2　パコジェットのビーカーに入れて冷凍庫で一昼夜凍らせる。
3　使用時に、パコジェットにかける。

青りんごのソルベ

オルタシア

青リンゴのさわやかな青っぽい香りと酸味が、デザートのアクセントに。

青リンゴのピュレ（冷凍）　500g
水　270g
粉末グルコース　23g
レモン汁　40g
青リンゴのリキュール＊　25g
＊マンザラという銘柄を使用。

1　水、粉末グルコースを鍋に入れて火にかける。
2　沸いたら、解凍しておいた青リンゴのピュレの中に入れてよく混ぜる。
3　レモン汁を加える。冷めたら青リンゴのリキュールを加えてよく混ぜる。
4　パコジェットのビーカーに入れてショックフリーザーで冷やし固めて、冷凍庫に移す。
5　使用時に、パコジェットにかける。

ミントとアップルのソルベ

フロリレージュ

さわやかな青リンゴの風味と、清涼感のあるミントの香りのソルベ。

ミントの葉　60g
青リンゴ　400g
クエン酸　3g
シロップ　70g
　グラニュー糖　1
　水　1

1　青リンゴをくし形に切り、クエン酸とともに真空袋に入れて、100％の真空にかける。
2　沸騰した湯に3分間入れて、火を通す。袋のまま冷ましておく。
3　ミントの葉と②の青リンゴと果汁、シロップをミキサーにかけて漉す。
4　パコジェットのビーカーに入れて、ショックフリーザーで－40℃に凍らせて、冷凍庫に移す。
5　使用時に、パコジェットにかける。

柿のソルベ

リストランテ ラ バリック

カキのやさしい甘さと香りをそのまま生かしたソルベ。とろりと完熟したカキを使うことがポイント。

カキ（完熟）　5個（800g）
シロップ　150g
　グラニュー糖　2
　水　1

1　とろとろに完熟したカキの皮をむいて裏漉しする。
2　シロップを加えて、ミキサーで混ぜる。
3　パコジェットのビーカーに入れて冷凍庫で一昼夜凍らせる。
4　使用時に、パコジェットにかける。

スイカのソルベ

フロリレージュ

スイカの味はぼけやすいので、レモン汁を加えて、味をきりっと締める。

小玉スイカのジュース　500g
レモン汁　5g

1. 小玉スイカの果肉をジューサーにかけて、種とジュースに分ける。
2. ジュースをキッチンペーパーで紙漉しし、レモン汁を加える。
3. パコジェットのビーカーに入れて、ショックフリーザーで−40℃に凍らせて、冷凍庫に移す。
4. 使用時に、パコジェットにかける。

キウイフルーツのソルベ

フロリレージュ

未熟なキウイフルーツを使って、酸味をきかせたソルベ。種の部分は取り除く。

キウイフルーツ　10個
シロップ　65g
　グラニュー糖　1
　水　1

1. キウイフルーツは皮をむき、種の部分を取り除いて、緑色の果肉部分のみを使う。
2. ミキサーにキウイを入れて、シロップを加え、なめらかになるまで回す。果肉感を残したくないので、ここで十分ミキサーにかけてなめらかにしておく。
3. パコジェットのビーカーに入れて、ショックフリーザーで−40℃に凍らせて、冷凍庫に移す。
4. 使用時に、パコジェットにかける。

バナナのソルベ

リストランテ プリマヴェーラ

完熟したバナナを使うと、格段に香りが違う。

バナナ（完熟したもの）　250g
卵黄　2個分
牛乳　500cc
グラニュー糖　80g
生クリーム（乳脂肪分35％）　60g
ハチミツ　10g
ラム酒（ホワイト）　15cc

1　牛乳、グラニュー糖を合わせて火にかけ、沸騰直前で火からおろして冷ます。
2　①と卵黄、バナナをミキサーにかけたのち、漉す。
3　生クリーム、ハチミツ、ラム酒を加え、アイスクリームマシンにかける。

パイナップルのソルベ

フロリレージュ

ミント、レモングラス、ベルベーヌなどのハーブで香りをつけたパイナップルの果汁のソルベ。

パイナップル　1個
ミント　少量
レモングラス　少量
ベルベーヌ　少量

1　パイナップルの果肉をジューサーにかける。
2　果汁を漉して鍋に入れて沸かす。大量のアクが出てくるので、きれいに取り除く。
3　フレッシュのハーブ類（ミント、レモングラス、ベルベーヌ）を少しずつ刻んで、②に入れる。
4　火からおろしてラップフィルムをかけて香りを移す。
5　粗熱がとれたら漉し、パコジェットのビーカーに入れて、ショックフリーザーで－40℃に凍らせて、冷凍庫に移す。
6　使用時に、パコジェットにかける。

パイナップルのソルベ

リストランテ ラ バリック

パイナップルの甘酸っぱさと相性のよいココナッツリキュールを加えて、コクをつけた。

パイナップル　1/2個（600g）
シロップ　125g
　グラニュー糖　1.5
　水　1
ココナッツリキュール　25g

1　パイナップルを適当に切り、ミキサーボウルに入れる。
2　シロップとココナッツリキュールを加えてミキサーで混ぜる。
3　パコジェットのビーカーに入れて、冷凍庫で一昼夜凍らせる。
4　使用時に、パコジェットにかける。

巨峰のソルベ

フロリレージュ

デザートの味に強弱をつけたかったので、あえて水で割って薄くした。山ブドウで同様につくってもよい。

巨峰　500g
グラニュー糖　100g
レモン汁　50g
水　140g

1　巨峰は皮つきのまま用いる。巨峰、グラニュー糖、レモン汁を鍋に入れて、中火にかける。沸いたらアクをひきながら、煮詰めないような火加減で30分間加熱する。
2　澄んだ巨峰のエキスをペーパータオルで漉して冷まし、水で割る。
3　パコジェットのビーカーに入れて、ショックフリーザーで−40℃に凍らせて、冷凍庫に移す。
4　使用時に、パコジェットにかける。

フレーバーのバラエティ｜ソルベ

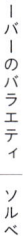

フランボワーズのソルベ

フロリレージュ

色も香りも強い、ベリー系のソルベ。

フランボワーズのピュレ（冷凍）　300g
レモン汁　30g
水　70g
シロップ　45g
　グラニュー糖　1
　水　1

1　すべてを合わせてミキサーにかけて漉す。
2　パコジェットのビーカーに入れて、ショックフリーザーで−40℃に凍らせて、冷凍庫に移す。
3　使用時に、パコジェットにかける。

ホオズキのソルベ

フロリレージュ

ホオズキの実を真空にかけて低温で加熱し、出てきたエキスとともに凍らせてつくったソルベ。

ホオズキ　400g
グラニュー糖　80g
レモン汁　5g
水　100g
ウォッカ　5g

1　ホオズキの殻をむき、軽く指で割っておく。グラニュー糖、レモン汁とともに真空袋に入れて100％真空にかける。
2　80℃の湯で30分間加熱する。袋の中に出てきたエキスを使う。
3　濃いので水でのばし、ウォッカを加える。
4　パコジェットのビーカーに入れて、ショックフリーザーで−40℃に凍らせて、冷凍庫に移す。
5　使用時に、パコジェットにかける。

赤いトマトのソルベ

オルタシア

酸味の効いた完熟のトマトを使うとよい。桃太郎よりもファーストトマトのほうが合う。

トマト　1.4kg
グラニュー糖　80g
転化糖（トリモリン）　20g
オレンジ果汁　40g
レモン汁　100g

1　トマトを湯むきして種を取り除き、ミキサーにかける。
2　①にグラニュー糖、転化糖を加えて、よく混ぜる。
3　オレンジ果汁とレモン汁を加えて、よく混ぜる。
4　パコジェットのビーカーに入れてショックフリーザーで冷やし固めて、冷凍庫に移す。
5　使用時に、パコジェットにかける。

白いトマトのソルベ

オルタシア

果肉から落ちてくる透明なトマトの水分でつくる、トマトの白いソルベ。

トマトエキス＊　160g
レモン汁　1.5g
シロップ　以下を18g
　グラニュー糖　100g
　水　50g

＊湯むきして種を取ったトマト1.2kgをミキサーで回し、水360g、焼き塩9g、グラニュー糖25g、レモン汁30gを順番に加えて、静かに3時間おいて離水させる。ザルにサラシをぴんとはり、トマトを少しずつのせる。すべてのせたら、この状態で2kgの重石をして、一晩おく。下に落ちたエキスを使用する。

1　シロップにレモン汁、トマトエキスを加えて味を調える。
2　パコジェットのビーカーに入れてショックフリーザーで冷やし固めて、冷凍庫に移す。
3　使用時に、パコジェットにかける。

トマトのソルベ

リストランテ ラ バリック

ミキサーにかけたトマトから自然に落ちてくる透明な果汁でつくる。酸味と甘みと青っぽさのバランスがよいトマトを選ぶ。

トマト　10個（500g）
グラニュー糖　30g
シロップ　50g
　グラニュー糖　2
　水　1

1　トマトとグラニュー糖を合わせてミキサーにかけてよく回す。よく回さないと、のちほど漉し取る果汁が透明にならない。
2　布漉しする。押したり絞ったりせずに、そのまま一昼夜漉しておく。透明な緑色っぽい果汁がとれる。
3　ここにシロップを加え、パコジェットのビーカーに入れて、冷凍庫で一昼夜凍らせる。
4　使用時に、パコジェットにかける。

ホワイトアスパラガスのソルベ

リストランテ プリマヴェーラ

春の香り、ホワイトアスパラガスをソルベに。十分に煮て、甘みを引き出す。

ホワイトアスパラガス　380g
オリーブ油　少量
塩　1つまみ
水　少量
牛乳　300g
生クリーム（乳脂肪分35％）　100g
グラニュー糖　28g

1　ピーラーを使い、ホワイトアスパラガスの皮をむく。約1cmの長さに切る。
2　鍋に少量のオリーブ油、ホワイトアスパラガスを入れて、塩を加え、弱火でじっくりと炒める。
3　少量の水を加え、ホワイトアスパラガスがくたくたになるまで煮る。
4　ミキサーにかけて漉す。これを280g使用する。
5　鍋に牛乳、生クリーム、グラニュー糖を入れ、沸騰直前で火からおろす。
6　④と⑤を合わせ、パコジェットのビーカーに入れ、ショックフリーザーで冷やし固めて、冷凍庫に移す。
7　使用時に、パコジェットにかける。

人参のソルベ

リストランテ プリマヴェーラ

オレンジなどの柑橘類にとても相性がよいニンジン。デコポンやニューサマーオレンジなどを使ったデザートによく合う。

ニンジン　200g
牛乳　300cc
グラニュー糖　40g
生クリーム（乳脂肪分35%）　50cc

1　ニンジンを洗って皮をむき、厚さ1cmの輪切りにする。
2　鍋に牛乳、グラニュー糖、ニンジンを入れて、弱火でニンジンに火が通るまで炊く。
3　②をミキサーで回し、漉して氷水にあてて冷ます。
4　生クリームを加え、アイスクリームマシンにかける。

グリーンピースのソルベ

リストランテ プリマヴェーラ

グリーンピースの色を生かしたいので、火入れはやわらかく。

グリーンピース（イタリア産）　150g
牛乳　400cc
生クリーム（乳脂肪分35%）　135cc
グラニュー糖　45g

1　鍋に牛乳と生クリーム、グラニュー糖を入れて火にかけ、沸騰直前で火からおろす。
2　グリーンピースを加え、蓋をして余熱で火を入れる。
3　②をミキサーで回して漉し、氷水にあてて冷やし、生クリームを加える。パコジェットのビーカーに入れてショックフリーザーで冷やし固めて、冷凍庫に移す。
4　使用時に、パコジェットにかける。

フレーバーのバラエティ｜ソルベ

ラディッキオのソルベ

リストランテ プリマヴェーラ

苦みのある生のラディッキオをパコジェットにかけた個性的なソルベ。

ラディッキオ・トレヴィーゾ　100g
牛乳　300cc
グラニュー糖　80g
安定剤（ヴィドフィクス）＊　3g
生クリーム（乳脂肪分35％）　50cc

＊グラニュー糖と安定剤はあらかじめ混ぜておくと混ざりやすい。（ミルミキサーなどで合わせて回しておくとよい）

1　鍋に牛乳、グラニュー糖と安定剤を入れて火にかけ、沸騰直前で火からおろして冷ましておく。
2　パコジェットのビーカーに、刻んだ生のラディッキオ、①、生クリームを入れてショックフリーザーで冷やし固めて、冷凍庫に移す。
3　使用時に、パコジェットにかける。

玉ねぎのソルベ

リストランテ プリマヴェーラ

加熱した玉ネギの甘みが、チーズやクレープなどに合う。

玉ネギ（薄切り）　250g
グラニュー糖　100g
レモンの表皮　1個分
牛乳　200cc
生クリーム（乳脂肪分35％）　50cc

1　鍋に玉ネギ、グラニュー糖、レモンの皮を入れて、30分間このままおく。
2　弱火にかけてじっくりと煮る。
3　水分がある程度煮詰まり、玉ネギくささが抜けたら、ミキサーでよく回し、裏漉しして冷ます。
4　牛乳、生クリームを加え、アイスクリームマシンにかける。

フレーバーのバラエティ｜ソルベ

セロリのソルベ

リストランテ プリマヴェーラ

セロリは茎よりも葉の方が香りが強いうえ、ソルベが水っぽくならない。

セロリの葉　50g
牛乳　500cc
グラニュー糖　50g
安定剤（ヴィドフィクス）　6g
生クリーム（乳脂肪分35%）　200cc
水飴　150g

1　鍋に牛乳、グラニュー糖と安定剤を入れて火にかけ、沸騰直前で火からおろして冷ましておく。
2　①とセロリの葉をミキサーにかけて漉す。
3　生クリームと水飴を加え、アイスクリームマシンにかける。

フキノトウのソルベ

リストランテ プリマヴェーラ

春に芽吹くフキノトウの香りと苦みが、まろやかなソルベに。

フキノトウ　10個
牛乳　500cc
グラニュー糖　60g
安定剤（ヴィドフィクス）　3g
生クリーム（乳脂肪分35%）　100cc
水飴　60g

1　鍋に牛乳、グラニュー糖と安定剤を入れて火にかけ、沸騰直前で火からおろす。
2　半割にしたフキノトウを入れて、そのまま蓋をして冷ます。ここでミキサーにかけるとフキノトウのアクでアパレイユが黒くなってしまうので注意。
3　2〜3分間おいて、フキノトウの香りを牛乳に移す。
4　これを漉し、生クリーム、水飴を加えて、アイスクリームマシンにかける。

野草のソルベ

リストランテ プリマヴェーラ

緑色で苦みが強いハーブを使う。冷たいソルベにするとさわやかな苦みに変わる。

クレソン　50g
セリ　50g
牛乳　400cc
グラニュー糖　40g
安定剤（ヴィドフィクス）　3g
生クリーム（乳脂肪分35%）　100cc

1　鍋に牛乳を入れて火にかけ、グラニュー糖と安定剤を溶かし、沸いたら火からおろして冷ましておく。
2　生クリームを加え、クレソン、セリと共にパコジェットのビーカーに入れ、ショックフリーザーで冷やし固めて、冷凍庫に移す。
3　使用時に、パコジェットにかける。

大葉のソルベ

オルタシア

強すぎるほどの大葉の香りだが、冷たいソルベなら、やわらいで印象的な香りに。

大葉　70g
牛乳　500g
生クリーム（乳脂肪分35%）　100g
グラニュー糖　100g
安定剤（ヴィドフィクス）　3g

1　牛乳、生クリームを合わせ、大葉をつけて一晩おいて香りを移す。
2　ミキサーで①を回し、グラニュー糖と安定剤を混ぜ合わせたものを加えてよく混ぜる。
3　漉して、パコジェットのビーカーに入れてショックフリーザーで冷やし固めて、冷凍庫に移す。
4　使用時に、パコジェットにかける。

唐辛子のソルベ

リストランテ プリマヴェーラ

ぴりっと舌を刺激する辛味が特徴。韓国産の赤唐辛子をホールで使用して香りを移した。

赤唐辛子（ホール）　3g
牛乳　300cc
グラニュー糖　50g
生クリーム（乳脂肪分35％）　100cc
水飴　15g

1　鍋に牛乳、グラニュー糖を入れ火にかける。沸騰直前にホールの赤唐辛子を加えて火からおろし、ミルミキサーでよく回して、氷水にあてて冷ます。
2　生クリーム、水飴を加え、アイスクリームマシンにかける。

もち米のソルベ

リストランテ プリマヴェーラ

最後に加える日本酒だけでは香りが足りないので、もち米に酒粕を加えて酒っぽさを強調した。

もち米　60g
牛乳　500cc
酒粕　15g
グラニュー糖　75g
生クリーム（乳脂肪分35％）　50cc
日本酒　適量（約10cc）

1　鍋に牛乳と酒粕を入れ、もち米を浸して30分間おく。
2　グラニュー糖を加え、弱火にかけて約20分間炊く。
3　30分間ほどそのままおいて、ミキサーで撹拌し、裏漉しして冷ます。
4　ここに生クリームと日本酒を加えて混ぜ、アイスクリームマシンにかける。

焙じ茶のソルベ

リストランテ プリマヴェーラ

強めに焙じ茶の香りを抽出することがポイント。

焙じ茶（茶葉） 20g
牛乳 500cc
グラニュー糖 60g
安定剤（ヴィドフィクス） 3g
生クリーム（乳脂肪分35％） 100cc
水飴 50g

1 鍋に牛乳を入れて火にかけ、グラニュー糖と安定剤を溶かし、沸いたら火からおろし、冷ましておく。
2 ここに焙じ茶を入れてミキサーにかけ、1時間ほどおいて漉す。
3 ②に生クリーム、水飴を加え、アイスクリームマシンにかける。

濃茶のソルベ

オルタシア

濃茶は苦みとコクが際立つものを選ぶ。苦みを楽しむソルベ。

濃茶（粉末） 15g
シロップ
　グラニュー糖 100g
　水 500g

1 シロップに濃茶を溶かす。
2 パコジェットのビーカーに入れてショックフリーザーで冷やし固めて、冷凍庫に移す。
3 使用時に、パコジェットにかける。

ミルクのソルベ

リストランテ ラ バリック

コクと甘さを出し、ねっとりと仕上げるために、練乳と水飴を加えた。

牛乳　400g
練乳　100g
水飴　80g
生クリーム（乳脂肪分47%）　100g

1　牛乳、練乳、水飴を合わせて鍋に入れ、火にかける。水飴が溶けるまで（約40℃）温める。
2　氷水にあてて、冷ます。冷めたら生クリームを加えて、パコジェットのビーカーに入れて、冷凍庫で一昼夜凍らせる。
3　使用時に、パコジェットにかける。

牛乳のソルベ

フロリレージュ

合わせる素材（イチゴなど）の香りや味を際立たせる無糖パウダー状のソルベ。

牛乳　500g
生クリーム（乳脂肪分47%）　100g
トレハロース　10g

1　牛乳を温め、生クリームとトレハロースを加えて溶かす。砂糖を加えないので、トレハロースを加えて水分と乳脂肪分の分離を防ぐ。
2　パコジェットのビーカーに入れてショックフリーザーで−40℃に凍らせて、冷凍庫に移す。
3　使用時に、パコジェットにかけて、さらさらのパウダー状にする。

フレーバーのバラエティ｜ソルベ

レ・リボのソルベ

フロリレージュ

レ・リボという発酵バターミルクのソルベ。なめらかに仕上げるためにバーミックスを使う。

レ・リボ　430g
生クリーム（乳脂肪分47%）　70g
グラニュー糖　110g
増粘剤（顆粒）　4g

1　生クリームを火にかけ、グラニュー糖と増粘剤を入れて溶かす。
2　バーミックスにかけてなめらかにする。
3　レ・リボの中に②を入れて、軽く混ぜる。
4　パコジェットのビーカーに入れてショックフリーザーで－40℃に凍らせて、冷凍庫に移す。
5　使用時に、パコジェットにかける。

ヨーグルトのソルベ

リストランテ ラ バリック

ヨーグルトの酸味を生かしたソルベ。パッションフルーツなどの酸味の強いフルーツと相性がよい。

ヨーグルト（無糖）　500g
グラニュー糖　150g

1　ヨーグルトとグラニュー糖をよく混ぜる。
2　パコジェットのビーカーに入れて、冷凍庫で一昼夜凍らせる。
3　使用時に、パコジェットにかける。

ヨーグルトのソルベ
オルタシア

ハーブティーやアーモンドシロップ、ドライジンなどで構成する複雑で繊細な味わい。

ヨーグルト（無糖）　1000g
シロップ＊　305g
アーモンドシロップ＊＊　250g
ハーブティ　300g
　カモミール（ドライ）　8g
　水　400g
ドライジン　6g
レモン汁　60g

＊水300g、水飴100g、転化糖（トリモリン）20gを沸かし、よく混ぜておいたグラニュー糖80gと安定剤（ヴィドフィクス）5gを加えて再沸騰させて、氷水にあてて冷やしたもの。
＊＊イチゴ150gに数ヵ所串で穴をあけて、アーモンドシロップ290gにつけて一晩おき、シノワで漉す。

1　ハーブティを抽出する。水を沸かし、カモミールを入れて香りを移し、漉す。
2　ミキサーでヨーグルトを回す。ここにシロップを加えてよく混ぜる。次にアーモンドシロップ、ハーブティ、ドライジン、レモン汁の順に加えて、約5分間ほど回す。
3　パコジェットのビーカーに入れてショックフリーザーで冷やし固めて、冷凍庫に移す。
4　使用時に、パコジェットにかける。

ラムネのソルベ
フロリレージュ

駄菓子のラムネをヨーグルトと合わせてソルベにした。ラムネパウダーは口に残りやすいので、バーミックスにかけて、よく混ぜる。

ラムネパウダー＊　50g
ヨーグルト（無糖）　200g
レモン汁　15g
牛乳　300g
グラニュー糖　125g

＊ラムネをミキサーで粉末にしたもの。

1　牛乳を沸かし、沸騰直前で火を止めて、グラニュー糖を入れて溶かす。溶けたらラムネパウダーを加え、バーミックスにかけて、粗熱をとる。
2　ヨーグルトを加えて、レモン汁で味を調える。
3　パコジェットのビーカーに入れてショックフリーザーで−40℃に凍らせて、冷凍庫に移す。
4　使用時に、パコジェットにかける。

練乳のソルベ

オルタシア

ココナッツの風味と練乳のねっとりした甘さが特徴。パイナップルによく合う。

生クリーム（乳脂肪分38％）　100g
練乳　200g
牛乳　250g
水　500g
ココナッツファイン　100g
グラニュー糖　50g
安定剤（ヴィドフィクス）　5g
ココナッツピュレ（冷凍）　1kg

1. 鍋に牛乳と水を入れて火にかけ、沸騰させる。
2. 火を止めてココナッツファインを加え、ラップフィルムをかけて10分間ほどおいて香りを抽出する。
3. シノワで漉し、ミキサーに入れる。グラニュー糖と安定剤を混ぜたものを加えて回す。
4. 生クリーム、練乳の順に加えてよく回す。
5. ココナッツピュレは60℃ほどに温め、④に加えて、10分間ほど回す。
6. 冷めたらパコジェットのビーカーに入れてショックフリーザーで冷やし固めて、冷凍庫に移す。
7. 使用時に、パコジェットにかける。

ココナッツのソルベ

リストランテ ラ バリック

夏向きの味。ココナッツのソルベとトロピカルフルーツとの相性は抜群。

ココナッツピュレ（冷凍）　400g
グラニュー糖　50g
水　80g

1. すべてをよく混ぜる。
2. パコジェットのビーカーに入れて、冷凍庫で一昼夜凍らせる。
3. 使用時に、パコジェットにかける。

モッツァレッラのソルベ

リストランテ ラ バリック

水牛のモッツァレッラチーズのソルベ。水飴を使ってねっとり感を出す。

モッツァレッラチーズ　2個（270g）
水飴　30g
水　200g
グラニュー糖　70g

1　水飴、水、グラニュー糖を鍋に入れて火にかける。
2　溶けたら冷ましてモッツァレッラチーズを入れてミキサーにかける。チーズの質感を残す。
3　パコジェットのビーカーに入れて、冷凍庫で一昼夜凍らせる。
4　使用時に、パコジェットにかける。

チョコレートのソルベ

リストランテ ラ バリック

パコジェットを使用する場合、チョコレートのみでは油脂分が多いため分離しやすいので、ココアパウダーで補う。

チョコレート（カカオ分55％）＊　120g
ココアパウダー　30g
グラニュー糖　80g
牛乳　300g
水　350g

＊ヴァローナ社エクアトリアール・ノワール（フェーヴ）を使用。

1　グラニュー糖、牛乳、水を合わせて火にかけ、60℃まで温める。
2　ここにチョコレートとココアパウダーを加えて溶かす。
3　氷水にあてて冷やし、パコジェットのビーカーに入れて、冷凍庫で一昼夜凍らせる。
4　使用時に、パコジェットにかける。

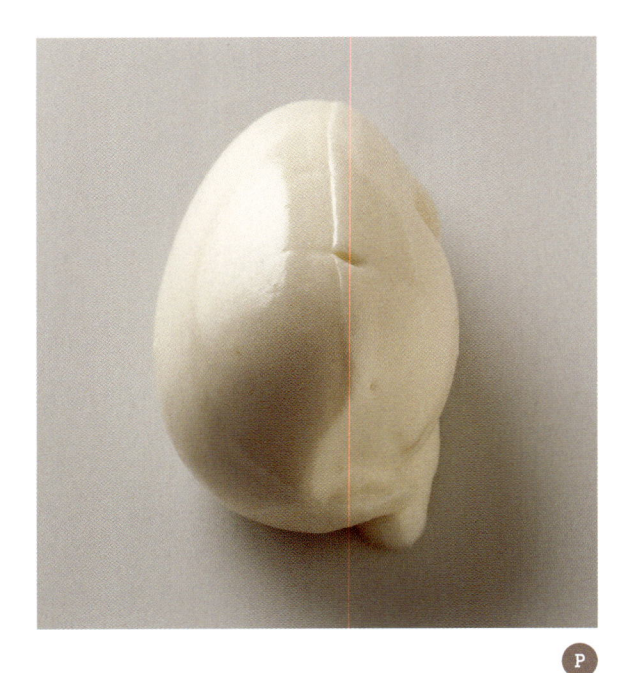

白トリュフのソルベ

フロリレージュ

白トリュフと相性のよいホワイトチョコレートを合わせて、ねっとりとした舌触りのソルベに。

白トリュフ　20g
牛乳　250g
水飴　10g
トレハロース　10g
ホワイトチョコレート　100g

1　牛乳を沸かし、みじん切りにした白トリュフを加えて火からおろす。ぴっちりとラップフィルムをかけて密封し、香りを閉じ込める。このまま温かいところに1時間おく。
2　①を再び火にかけて沸かし、水飴、トレハロース、ホワイトチョコレートを加えて火からおろし、ラップフィルムをかけて10分間ほどおいて、チョコレートを溶かす。香りが飛びやすいので、必ずラップフィルムをかけること。
3　バーミックスで撹拌したのち、パコジェットのビーカーに入れて、すぐにショックフリーザーに入れる。急速冷凍にかけることで、香りが飛びやすい温度帯を短時間で通過させる。冷凍庫に移して保管する。
4　使用時に、パコジェットにかける。

オリーブオイルのソルベ

フロリレージュ

ふわふわな食感が特徴。油が入るので分離しやすいため、パコジェットで回せるのは、2回くらいまで。

オリーブ油（kiyoe）　180g
牛乳　400g
生クリーム（乳脂肪分47％）　200g
グラニュー糖　130g
粉ゼラチン　3g

1　牛乳と生クリームを合わせて沸騰させ、グラニュー糖を溶かす。
2　水でふやかした粉ゼラチンを溶かし入れて、氷水につけて冷やす。
3　とろみがついてきたら、オリーブ油を少しずつ加えて、泡立て器で混ぜて、乳化させる。
4　最後にバーミックスにかけて、なめらかにする。
5　パコジェットのビーカーに入れて、ショックフリーザーで−40℃に凍らせて、冷凍庫に移す。
6　使用時に、パコジェットにかける。

ラティニアのソルベ

リストランテ ラ バリック

甘口白ワイン、ラティニアでつくるソルベ。ラティニアはアプリコットやメープルの香りのするワイン。

甘口白ワイン（ラティニア）　200g
シロップ　200g
　グラニュー糖　2
　水　1
水　100g

1　甘口白ワインを鍋に入れて火にかけ、沸騰したら火を中に入れてアルコールを飛ばす。
2　シロップと水を入れてよく混ぜる。
3　パコジェットのビーカーに入れて、冷凍庫で一昼夜凍らせる。
4　使用時に、パコジェットにかける。

ビールのソルベ

フロリレージュ

苦みをやわらげるために、煮詰めたビールでつくったソルベ。ほのかに残る苦みが特徴。

ビール　668g
バター　20g
ハチミツ　40g
増粘剤（顆粒）　3g
グラニュー糖　100g

1　ビールを火にかけて、400gまで煮詰める。
2　バター、ハチミツ、増粘剤、グラニュー糖を①に入れて溶かし、粗熱をとる。
3　パコジェットのビーカーに入れてショックフリーザーで－40℃に凍らせて、冷凍庫に移す。
4　使用時に、パコジェットにかける。

メレンゲのソルベ

オルタシア

焼いたメレンゲとキャラメリゼした牛乳の香ばしさが特徴。

イタリアンメレンゲ　以下を50g
　グラニュー糖　125g
　水　20g
　卵白　125g
　粉糖　125g
牛乳　500g
水飴　50g
ハチミツ　50g
焼き塩　1つまみ

1　イタリアンメレンゲをつくる。まず卵白をミキサー（ホイッパー）で泡立てる。粉糖を加えてさらに回す。
2　グラニュー糖と水を火にかけて、125℃まで煮詰め、①に少しずつ加えてよく泡立てる。
3　天板に②のイタリアンメレンゲを絞り、120℃のオーブンで約2時間焼く。
4　牛乳、水飴、ハチミツを鍋に入れて火にかけて、半量になるまで煮詰める（全体が薄いキャラメル色になる）。
5　④を漉して、焼き塩を一つまみ加えて、よく混ぜる。ここに③のイタリアンメレンゲを混ぜる。
6　パコジェットのビーカーに入れ、ショックフリーザーで冷やし固めて、冷凍庫に移す。
7　使用時に、パコジェットにかける。

牡蠣のソルベ

リストランテ プリマヴェーラ

カキには十分火を入れること。甘みはつけない。カキの香りと甘みと海の香りが、淡い味によって前面に出てくる。

牛乳　300cc
カキ（むき身）　180g
塩　1つまみ
生クリーム（乳脂肪分35%）　30cc

1　カキを塩水でさっと洗い、水気をきる。
2　牛乳、カキ、塩を鍋に入れ、火にかける。このときカキにはしっかりと火を入れる。
3　ミキサーに入れて十分回し、漉して冷ます。
4　ここに生クリームを加え、パコジェットのビーカーに詰め、ショックフリーザーで冷やし固めて、冷凍庫に移す。
5　使用時に、パコジェットにかける。

[フレーバーのバラエティ]

パルフェ
スフレグラッセ
セミフレッド

タヒチ産バニラのパルフェ
パティスリー プレジール

タヒチ産のバニラで香りをつけたパルフェ。どんな素材とも合う万能選手。

卵黄（L） 7個分
シロップ＊
　グラニュー糖　140g
　水　100g
　バニラスティック（タヒチ産）　1本
生クリーム（乳脂肪分40％）　270g
ラム酒（ホワイト）　10g

＊バニラスティックから種をしごき出す。グラニュー糖と水を合わせた中にバニラの種を加えて、火にかけ、沸騰させる。

1　卵黄をミキサー（ホイッパー）の高速回転で回す。
2　白っぽくもったりとしてきたら、沸騰したシロップを少量ずつ加える。冷めるまで高速回転を保って回し続ける。
3　生クリームの中にラム酒を入れて、しっかりかたくツノが立つまで泡立てる。
4　②の1/3量を③に加えて、泡立て器でしっかり混ぜる。
5　残りの②を加えて、泡立て器で5〜6割程度混ぜる。マリーズに持ちかえて、混ざりきらない部分をさっくりと混ぜ合わせる。
6　容器に入れて、ラップフィルムをかけて、ショックフリーザーに入れて1〜2時間おいたら、冷凍庫に移して保管する。

チョコレートのパルフェ

パティスリー プレジール

チョコレートを入れるときは、生クリームは泡立てすぎないこと。コニャックの香りのパルフェ。

チョコレート（カカオ分55％）＊　180g
卵黄（L）　7個分
シロップ
　グラニュー糖　140g
　水　100g
生クリーム（乳脂肪分40％）　540g
コニャック　20g

＊ヴァローナ社エクアトリアール・ノワールを使用。

1　卵黄をミキサー（ホイッパー）の高速回転で回す。
2　白っぽくもったりとしてきたら、沸騰したシロップを少量ずつ加える。冷めるまで高速回転を保って回す。
3　刻んだチョコレートを湯煎にかけて溶かし、40〜45℃に温めて、コニャックを加え、②に混ぜる。
4　生クリームの中にコニャックを入れて、8分立てに泡立てる。立てすぎると、チョコレート入りのパータボンブを入れたときに固く締まってしまう。
5　③の1/3量を④に加えて、泡立て器でしっかり混ぜる。残りの③を加えて、泡立て器で5〜6割程度混ぜる。マリーズに持ちかえて、混ざりきらなかった部分をさっくりと混ぜ合わせる。
6　容器に入れて、ラップフィルムをかける。ショックフリーザーに1〜2時間おいたら、冷凍庫に移して保管する。

ココナッツのパルフェ

パティスリー プレジール

夏向きのパルフェ。水のかわりにココナッツピュレでシロップをつくる。

ココナッツピュレ（冷凍）　100g
グラニュー糖　140g
卵黄（L）　7個分
生クリーム（乳脂肪分40％）　540g
ココナッツリキュール　40g

1　ココナッツピュレにグラニュー糖を加えて沸騰させる。
2　卵黄をミキサー（ホイッパー）の高速回転で回す。
3　白っぽくもったりとしてきたら、沸騰させた①を少量ずつ加える。冷めるまで高速回転を保って回してリュバン状にする。
4　生クリームの中にココナッツリキュールを入れて、しっかりかたくツノが立つまで泡立てる。
5　③の1/3量を④に加えて、泡立て器でしっかり混ぜる。
6　残りの③を加えて、泡立て器で5〜6割程度混ぜる。マリーズに持ちかえて、混ざりきらない部分をさっくりと混ぜ合わせる。
7　容器に入れて、ラップフィルムをかける。ショックフリーザーに入れて1〜2時間おいたら、冷凍庫に移して保管する。

5種類のスパイスを使った
キャラメルのパルフェ

パティスリー プレジール

スパイスはホールとパウダーを使って、それぞれの持ち味を生かした。ホールでまろやかさを、パウダーでシャープな香りを加えている。

卵黄（L）　7個分
スパイス風味のキャラメルソース＊
　グラニュー糖　40g＋140g
　水　120g
　シナモンスティック　1/2本
　八角（ホール）　1個
　クローブ（ホール）　3個
　ジュニパーベリー（ホール）　6粒
生クリーム（乳脂肪分40%）　270g
シナモン（パウダー）　0.8g
クローブ（パウダー）　0.5g
カルダモン（パウダー）　0.5g

＊グラニュー糖40gを火にかけてこがし、水を入れてキャラメリゼを止める。一旦火にかけて沸騰させる。ホールのスパイス類を入れて蓋をし、火からおろして10分間蒸らして香りを出す。これを漉す。グラニュー糖140gを加えて沸騰させる。

1　卵黄をミキサー（ホイッパー）の高速回転で回す。
2　白っぽくもったりとしてきたら、沸騰させたスパイス風味のキャラメルソースを少量ずつ加える。冷めるまで高速回転を保って回し続ける。
3　生クリームの中にパウダーのスパイス類を入れて、しっかりかたくツノが立つまで泡立てる。
4　②の1/3量を③に加えて、泡立て器でしっかり混ぜる。
5　残りの②を加えて、泡立て器で5〜6割程度混ぜる。マリーズに持ちかえて、混ざりきらない部分をさっくりと混ぜ合わせる。
6　容器に入れて、ラップフィルムをかける。ショックフリーザーに入れて1〜2時間おいたら、冷凍庫に移して保管する。

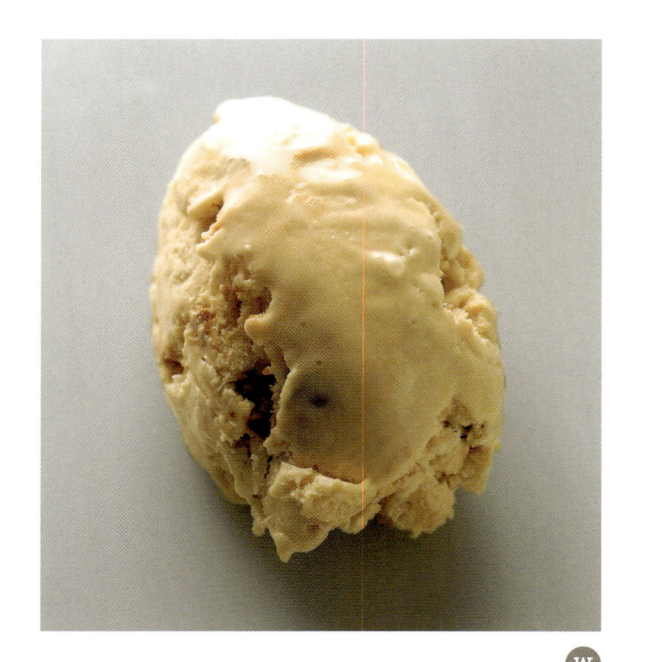

メープルとキャラメリゼした
くるみのパルフェ

パティスリー プレジール

香ばしくキャラメリゼしたクルミをメープル味のパルフェに混ぜ込んだ人気のフレーバー。

卵黄（L） 7個分
シロップ＊
　メープルシュガー　210g
　水　100g
生クリーム（乳脂肪分40%）　540g
キャラメリゼしたクルミ＊＊
　クルミ（生）　100g
　グラニュー糖　50g

＊シロップはメープルシュガーと水を合わせて火にかけて沸騰させる。
＊＊グラニュー糖と水少量を合わせて火にかける。茶色く色づいてきたら、クルミを入れてからめる。冷ましたのちに刻んで用いる。

1　卵黄をミキサー（ホイッパー）の高速回転で回す。
2　白っぽくもったりとしてきたら、沸騰したシロップを少量ずつ加える。冷めるまで高速回転を保って回し続ける。
3　生クリームをしっかりかたくツノが立つまで泡立てる。
4　②の1/3量を③に加えて、泡立て器でしっかり混ぜる。
5　残りの②を加えて、泡立て器で5〜6割程度混ぜる。マリーズに持ちかえて、キャラメリゼしたクルミを入れて、混ざりきらなかった部分をさっくりと混ぜ合わせる。
6　容器に入れて、ラップフィルムをかける。ショックフリーザーに入れて1〜2時間おいたら、冷凍庫に移して保管する。

抹茶のパルフェ

パティスリー プレジール

抹茶パウダーは苦みも強く、かなり水分を吸収するため、分量が多いとパルフェが固くなりやすい。

卵黄（L） 7個分
シロップ
　グラニュー糖　140g
　水　100g
生クリーム（乳脂肪分40%）　540g
抹茶　2g

1　卵黄をミキサー（ホイッパー）の高速回転で回す。
2　白っぽくもったりとしてきたら、沸騰したシロップを少量ずつ加える。冷めるまで高速回転を保って回す。
3　生クリームを5分立てに泡立てて、抹茶を加える。抹茶を入れると生クリームが締まってくるので注意。ゆるすぎる場合は、加えたあとの様子をみて、さらに泡立てる。
4　②の1/3量を③に加えて、泡立て器でしっかり混ぜる。残りの②を加えて、泡立て器で5〜6割程度混ぜる。マリーズに持ちかえて、混ざりきらなかった部分をさっくりと混ぜ合わせる。
5　容器に入れて、ラップフィルムをかける。ショックフリーザーに入れて1〜2時間おいたら、冷凍庫に移して保管する。

アールグレーのパルフェ

パティスリー プレジール

独特の香りの紅茶の抽出液を熱いシロップとしてパータボンブとした。イチゴやバラとの相性がよい。

紅茶抽出液　以下を100g
　アールグレー（茶葉）　20g
　水　150g
グラニュー糖　140g
卵黄（L）　7個分
生クリーム（乳脂肪分40％）　540g
紅茶エキス（リキッド）　10g

1　水を沸かし、沸騰したらアールグレーを入れて火を止め、蓋をして10分間蒸らして漉す。紅茶抽出液100gにグラニュー糖を加えて、再び沸騰させる。
2　卵黄をミキサー（ホイッパー）の高速回転で回す。
3　白っぽくもったりとしてきたら、沸騰させた①を少量ずつ加える。冷めるまで高速回転を保って回してリュバン状にする。
4　生クリームの中に紅茶エキスを入れて、しっかりかたくツノが立つまで泡立てる。
5　③の1/3量を④に加えて、泡立て器でしっかり混ぜる。
6　残りの③を加えて、泡立て器で5〜6割程度混ぜる。マリーズに持ちかえて、混ざりきらない部分をさっくりと混ぜ合わせる。
7　容器に入れて、ラップフィルムをかける。ショックフリーザーに入れて1〜2時間おいたら、冷凍庫に移して保管する。

桃のパルフェ

パティスリー プレジール

シロップの水のかわりにモモのピュレを使った、とろりとなめらかなパルフェ。旬の季節にはフレッシュを使いたい。

卵黄（L）　7個分
グラニュー糖　140g
モモのピュレ（冷凍）　100g
生クリーム（乳脂肪分40％）　540g
モモのリキュール　45g

1　卵黄をミキサー（ホイッパー）の高速回転で回す。
2　グラニュー糖とモモのピュレを合わせて火にかける。
3　①が白っぽくもったりとしてきたら、沸騰した②を少量ずつ加える。冷めるまで高速回転を保って回す。
4　生クリームの中にモモのリキュールを入れて、しっかりかたくツノが立つまで泡立てる。
5　③の1/3量を④に加えて、泡立て器でしっかり混ぜる。
6　残りの③を加えて、泡立て器で5〜6割程度混ぜる。マリーズに持ちかえて、混ざりきらない部分をさっくりと混ぜ合わせる。
7　容器に入れて、ラップフィルムをかける。ショックフリーザーに入れて1〜2時間おいたら、冷凍庫に移して保管する。

オレンジのパルフェ

リストランテ ラ バリック

オレンジの皮を混ぜ込んだパルフェ。ふんわりやわらかい食感が持ち味。

卵黄　5個分（100g）
グラニュー糖　135g
水　50g
生クリーム（乳脂肪分47％）　400g
オレンジの皮（せん切り）　3g
オレンジの皮のシロップ煮＊　40g
コアントロー　80g

＊オレンジの皮をせん切りにして、ゆでこぼし、シロップ（グラニュー糖1、水2）でやわらかく煮たもの。

1　グラニュー糖と水を合わせて火にかける。118℃まで熱する。
2　卵黄をミキサー（ホイッパー）にかけ、もったりとしてきたら、少量ずつ①を加えて泡立てる。
3　生のオレンジの皮とシロップ煮、コアントローを②に加えて混ぜる。
4　生クリームを8分立てにし、2回に分けて③に加える。
5　バットに流して冷凍庫で凍らせる。

ラムレーズンのパルフェ

パティスリー プレジール

パフェなど、フルーツや他のクリームなどと合わせるときには、ラム酒を強めにきかせるのがポイント。

卵黄（L）　7個分
シロップ
　グラニュー糖　140g
　水　100g
生クリーム（乳脂肪分40％）　540g
ラム酒（ダーク）　70g
ラムレーズン＊　150g

＊好みのレーズンをダークラムに浸して1〜2週間漬けたもの。

1　卵黄をミキサー（ホイッパー）の高速回転で回す。
2　白っぽくもったりとしてきたら、沸騰したシロップを少量ずつ加える。冷めるまで高速回転を保って回し続ける。
3　生クリームの中にラム酒を入れて、しっかりかたくツノが立つまで泡立てる。なめらかさというよりも、かたさが出てくる。
4　②の1/3量を③に加えて、泡立て器でしっかり混ぜる。
5　残りの②を加えて、泡立て器で5〜6割程度混ぜる。マリーズに持ちかえて、ラムレーズンを加え、混ざりきらなかった部分をさっくりと混ぜ合わせる。
6　容器に入れて、ラップフィルムをかける。ショックフリーザーに入れて1〜2時間おいたら、冷凍庫に移して保管する。

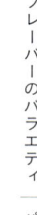

コニャックのパルフェ

パティスリー プレジール

空気をたっぷり含ませるパルフェだからこそ、コニャックの風味が生きる。

卵黄（L） 7個分
シロップ
　グラニュー糖　140g
　水　100g
生クリーム（乳脂肪分40％）　540g
コニャック　45g

1　卵黄をミキサー（ホイッパー）の高速回転で回す。
2　白っぽくもったりとしてきたら、沸騰したシロップを少量ずつ加える。冷めるまで高速回転を保って回し続ける。
3　生クリームの中にコニャックを入れて、しっかりかたくツノが立つまで泡立てる。
4　②の1/3量を③に加えて、泡立て器でしっかり混ぜる。
5　残りの②を加えて、泡立て器で5～6割程度混ぜる。マリーズに持ちかえて、混ざりきらなかった部分をさっくりと混ぜ合わせる。
6　容器に入れて、ラップフィルムをかける。ショックフリーザーに入れて1～2時間おいたら、冷凍庫に移して保管する。

コアントローのパルフェ

パティスリー プレジール

糖度の強いリキュールを加えると、なめらかな仕上がりに。柑橘系のフルーツに合う。

卵黄（L） 7個分
シロップ
　グラニュー糖　140g
　水　100g
生クリーム（乳脂肪分40％）　540g
コアントロー　60g

1　卵黄をミキサー（ホイッパー）の高速回転で回す。
2　白っぽくもったりとしてきたら、沸騰したシロップを少量ずつ加える。冷めるまで高速回転を保って回し続ける。
3　生クリームの中にコアントローを入れて、しっかりかたくツノが立つまで泡立てる。
4　②の1/3量を③に加えて、泡立て器でしっかり混ぜる。
5　残りの②を加えて、泡立て器で5～6割程度混ぜる。マリーズに持ちかえて、混ざりきらなかった部分をさっくりと混ぜ合わせる。
6　容器に入れて、ラップフィルムをかける。ショックフリーザーに入れて1～2時間おいたら、冷凍庫に移して保管する。

キルシュのパルフェ
パティスリー ブレジール

アルコールと甘さが調和した、大人のパルフェ。チョコレートとの相性がよい。

卵黄（L） 7個分
シロップ
　グラニュー糖　140g
　水　100g
生クリーム（乳脂肪分40％）　270g
キルシュ酒　60g

1　卵黄をミキサー（ホイッパー）の高速回転で回す。
2　白っぽくもったりとしてきたら、沸騰したシロップを少量ずつ加える。冷めるまで高速回転を保って回し続ける。
3　生クリームの中にキルシュ酒を入れて、しっかりかたくツノが立つまで泡立てる。
4　②の1/3量を③に加えて、泡立て器でしっかり混ぜる。
5　残りの②を加えて、泡立て器で5〜6割程度混ぜる。マリーズに持ちかえて、混ざりきらない部分をさっくりと混ぜ合わせる。
6　容器に入れて、ラップフィルムをかける。ショックフリーザーに入れて1〜2時間おいたら、冷凍庫に移して保管する。

みかんのスフレグラス
フロリレージュ

空気を入れたスフレグラスで柑橘類の刺激的な味と香りをやわらげた。

ミカン果汁　800g
ミカンの表皮　2個分
グラニュー糖　40g
粉ゼラチン　5g
生クリーム（乳脂肪分47％）　105g
卵白　65g
グラニュー糖　35g

1　すりおろしたミカンの表皮とグラニュー糖を合わせて、スプーンでつぶす。
2　香りが立ったら、ミカン果汁を入れて温め、グラニュー糖を溶かす。
3　5倍の水で戻した粉ゼラチンを②に加えて溶かす。ゆるく固まってきたら、7分立ての生クリームを加える。
4　卵白とグラニュー糖を合わせて、泡立て器で8分立てにしてメレンゲをつくる。
5　メレンゲを③に入れて混ぜる。
6　容器に入れて、ショックフリーザーで凍らせる。冷凍庫に移して保管する。

エスプレッソのセミフレッド

リストランテ プリマヴェーラ

ヘーゼルナッツとコーヒー豆を混ぜ込んだエスプレッソ味。

卵黄　3個分
エスプレッソ抽出液　100cc
グラニュー糖　35g + 20g
卵白　3個分
生クリーム（乳脂肪分47%）　50g
ヘーゼルナッツ（ロースト）　50g
コーヒー豆　5g

1　鍋にエスプレッソの抽出液とグラニュー糖35gを入れ、半量くらいまで煮詰める。
2　ミキサーボウルに卵黄を入れて、ホイッパーで撹拌し、①を少量ずつ加えて、冷めるまで回し、パータボンブをつくる。
3　8分立てにした生クリームを②に加える。
4　卵白とグラニュー糖20gをツノが立つまで泡立ててメレンゲをつくり、③にさっくりと加える。
5　粗目に砕いたヘーゼルナッツと挽いたコーヒー豆を加える。
6　バットなどに流して、ショックフリーザーで凍らせる。冷凍庫に移して保管する。

トローネのセミフレッド

リストランテ ラ バリック

卵白、ハチミツを固めたヌガーにナッツ類が入ったイタリア菓子のトローネ。これを刻んでホワイトチョコレートと混ぜ込んだねっとりとしたセミフレッド。

トローネ　100g
ホワイトチョコレート　60g
生クリーム（乳脂肪分47%）　200g
卵黄　2個分
卵白　2個分
グラニュー糖　75g + 75g
ブランデー　25g

1　トローネは細かく刻んでおく。ホワイトチョコレートも同様に刻んでおく。
2　ボウルに溶いた卵黄とグラニュー糖75gとブランデーを入れて、60℃の湯で湯煎にかけて、泡立て器で混ぜてザバイヨーネ（サバイヨン）をつくる。
3　卵白とグラニュー糖75gを湯煎にかけながら、人肌くらいまで温めながら泡立て器で、ツノが立つまでしっかり泡立てる（イタリアンメレンゲ）。
4　生クリームは氷水にあてながら、しっかり泡立てる。ここに②のザバイヨーネを混ぜ込み、刻んだトローネとホワイトチョコレートを加える。
5　イタリアンメレンゲを3回くらいに分けてさっくり混ぜる。
6　テリーヌ型に詰めて冷凍庫で一昼夜おいて凍らせる。

フレーバーのバラエティ

グラニテ
アイスパウダー

グレープフルーツのグラニテ
パティスリー プレジール

白とピンクのグレープフルーツを使った果肉入りのグラニテ。果肉には火を入れずにフレッシュ感を生かす。

グレープフルーツ（白、ピンク）　各1個
シロップ
　水　420g
　グラニュー糖　200g

1　グレープフルーツは、薄皮までむいてくし形切りにして容器に入れる。
2　水とグラニュー糖を合わせて沸かし、①に注いで、ショックフリーザーで1時間ほど凍らせる。冷凍庫に移して保管する。
3　提供時に、必要量をフォークなどでかいて用いる。果肉も一緒に細かくかく。

レモンと葉生姜のグラニテ

リストランテ プリマヴェーラ

フレッシュ感のあるピリッと刺激的な辛味が特徴。コースの途中の口直しにも、またデザートとしても合う。

葉生姜　100g
レモン汁　50cc
ラム酒（ホワイト）　50cc
シロップ
　ミネラルウォーター　600g
　グラニュー糖　120g

1　ミネラルウォーターとグラニュー糖を熱してシロップをつくる。
2　葉生姜をおろし金ですりおろす。
3　材料をすべて合わせて漉して容器に入れ、ショックフリーザーで冷やし固める。冷凍庫に移して保管する。
4　提供時、フォークなどで砕き、冷やした器に盛る。

桃のグラニテ

リストランテ ラ バリック

モモのリキュールを使い、香りを強調。フレッシュのモモのデザートに添えて、香りを補う。

モモのリキュール　80g
水　300g
グラニュー糖　60g

1　材料をすべて合わせてボウルに入れ、冷凍庫に入れる。表面がうっすらと固まってきたら、泡立て器でよく混ぜる。
2　再び冷凍庫に戻して、うっすらと固まったら、泡立て器でよく混ぜる。
3　これを10分おきに2時間くり返して、細かいパウダー状のグラニテをつくる。

桃のグラニテ

パティスリー プレジール

水のかわりにモモのピュレを使った、ややねっとり感のあるグラニテ。152頁では凍結させてキューブに切って使った。

モモのピュレ（冷凍）　100g
グラニュー糖　10g
レモン汁　5g

1　モモのピュレとグラニュー糖とレモン汁を合わせて、浅いバットに流してショックフリーザーに入れ、1時間ほど凍らせる。冷凍庫に移して保管する。
2　提供時に、必要量をフォークなどでかいて用いる。あるいはキューブに切って用いる。

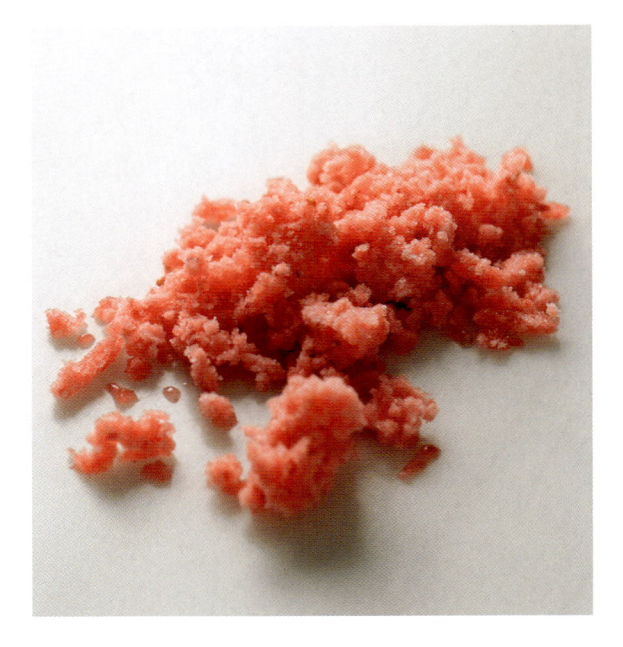

苺のグラニテ

パティスリー プレジール

フレッシュのイチゴでつくったイチゴの果肉感を残したグラニテ。ブリックス度15％は、粘りが出すぎず、固すぎず、ちょうどよい糖度。

イチゴ　適量
シロップ（ボーメ30度＊）　適量
＊水1000gに対して、1050gのグラニュー糖を溶かして沸騰させたもの。

1　イチゴとシロップを合わせて、バーミックスにかけて、糖度を15％（ブリックス）に調整する。浅いバットに流して、ショックフリーザーに入れ、1時間ほど凍らせる。冷凍庫に移して保管する。
2　提供時に、必要量をフォークなどでかいて用いる。

巨峰のグラニテ

パティスリー プレジール

巨峰とカシスのコンポートの煮汁を凍らせたグラニテ。

巨峰　1房
カシス（冷凍）　40g
水　200g
グラニュー糖　80g

1　水とグラニュー糖を合わせて火にかける。
2　沸騰したら、房からはずした皮つきの巨峰、カシスを入れる。
3　一煮立ちしたら、火を止めて、そのまま冷ましてコンポートとする。
4　コンポートの煮汁をバットに移し、ショックフリーザーに入れ、1時間ほど凍らせる。冷凍庫に移して保管する。
5　提供時に、必要量をフォークなどでかいて用いる。

パイナップルとバジルのグラニテ

パティスリー プレジール

バジルの葉は刻まずにそのまま凍らせて、使うたびに細かくかいたほうが、香りが際立つ。

パイナップル　300g
バジルの葉　10枚
シロップ（ボーメ30度→74頁）　80g
水　50g
すりおろしたライムの皮　1/2個分
ライム果汁　5g

1　バジルの葉以外をすべてミキサーでなめらかに回す。
2　バジルの葉を入れて、浅いバットに流し、ショックフリーザーで1時間ほど凍らせる。冷凍庫に移して保管する。
3　提供時に、必要量をフォークなどでかいて用いる。バジルの葉も一緒に細かく砕く。

コーヒーのグラニテ

パティスリー プレジール

エスプレッソを使ったグラニテ。

エスプレッソ抽出液　100g
シロップ（ボーメ30度→74頁）　10g

1　エスプレッソとシロップを合わせて、浅いバットに流し、ショックフリーザーで1時間ほど凍らせる。冷凍庫に移して保管する。
2　提供時に、必要量をフォークなどでかいて用いる。

エスプレッソのグラニテ

リストランテ ラ バリック

甘みを加えないパウダーのような細かいグラニテ。表面がやっと固まるか固まらないかのうちに、泡立て器でよく混ぜることを、こまめにくり返すことがコツ。

エスプレッソ抽出液　250g

1　エスプレッソの抽出液を冷ましてボウルに入れ、冷凍庫に入れる。表面がうっすらと固まってきたら、泡立て器でよく混ぜる。
2　再び冷凍庫に戻して、うっすらと固まったら、泡立て器でよく混ぜる。これを10分おきに2時間くり返して、細かいパウダー状のグラニテをつくる。

エスプレッソのグラニテ

オルタシア

エスプレッソの苦みがデザートのアクセントに。

エスプレッソ抽出液　200g
シロップ　100g
　グラニュー糖　1
　水　1
アマレット酒　15g

1　エスプレッソの抽出液にシロップを加えてボウルに入れ、氷水にあてて冷ます。
2　冷めたらアマレット酒を加えて、バットなどに流して、ショックフリーザーで冷やし固める。冷凍庫に移して保管する。
3　固まったらフォークで砕く。

ソーテルヌのグラニテ

パティスリー プレジール

甘くて黄金色のデザートワインのソーテルヌを使ったグラニテ。

ソーテルヌ＊　100g
シロップ（ボーメ30度→74頁）　50g

＊甘口白ワイン。デザートワインの一種。

1　ソーテルヌとシロップを合わせて火にかける。
2　沸騰したら火からおろし、浅いバットに流して、ショックフリーザーに入れ、1時間ほど凍らせる。冷凍庫に移して保管する。
3　提供時に、必要量をフォークなどでかいて用いる。

ジビッボのグラニテ

リストランテ ラ バリック

ジビッボという品種のブドウでつくった、甘口発泡ワインのグラニテ。

ジビッボ（甘口発泡ワイン） 100g
水 400g
グラニュー糖 80g

1 水とグラニュー糖を合わせて温めて溶かし、ボウルに移して冷ます。
2 ジビッボを加え、冷凍庫に入れる。ボウルのまわりと表面がうっすらと固まってきたら、泡立て器でよく混ぜる。
3 再び冷凍庫に戻して、15分おきにかき混ぜることを4時間くり返して仕上げる。

シェリーのかき氷

フロリレージュ

カキ氷器で粗くかいたシェリーのカキ氷。シェリーは、フランベせずにことことと煮て、濃縮感を出した。シェリーの香りを出すために、一部はそのまま加えた、大人のカキ氷。

シェリー＊ 400g＋100g

＊サンデマンを使用。

1 アルコールを飛ばしやすいように、シェリー400gを広口の鍋に入れて、中火から弱火でことこと加熱する。
2 香りが立ってきたら、火からおろす。
3 加熱していないそのままのシェリー100gを加える。
4 容器に入れてショックフリーザーで−40℃で凍らせる。冷凍庫に移して保管する。
5 使用時カキ氷器でかいて、再びショックフリーザーに入れたのちに使用する。

フレーバーのバラエティ｜グラニテ

カンパリのグラニテ

リストランテ プリマヴェーラ

赤い色とカンパリ特有の香りと苦みが特徴。

カンパリ　180cc
水　210cc
グラニュー糖　40g
レモン汁　30cc

1　カンパリを鍋に入れて火にかけ、アルコールを飛ばす。
2　別の鍋に水とグラニュー糖を入れて火にかけ、シロップをつくる。
3　容器に①、②、レモン汁を入れて、ショックフリーザーに入れて固める。冷凍庫に移して保管する。
4　凍ったらフォークなどで砕いて、よく混ぜる。

メロンの氷

リストランテ プリマヴェーラ

メロンの果肉入りの氷。薄く凍らせて用いた。

メロン（果肉）　100g
グラニュー糖　5g
キルシュ酒　少量
レモン汁　少量

1　メロンとグラニュー糖をミキサーでよく回す。
2　これを濾し、キルシュ酒、レモン汁で味を調える。
3　バットに薄く流して、ショックフリーザーに入れて冷やし固める。冷凍庫に移して保管する。

チョコレートのアイスパウダー

オルタシア

−196℃に凍らせたアパレイユをパウダー状にしたアイスパウダー。3種のチョコレートの個性をブレンドすることで複雑な味に。

チョコレート（カカオ分40％）＊　7.5g
チョコレート（カカオ分65％）＊＊　25g
チョコレート（カカオ分66％）＊＊＊　31g
牛乳　200g
生クリーム（乳脂肪分47％）　50g
転化糖（トリモリン）　27g
グラニュー糖　25g
安定剤（ヴィドフィクス）　1.5g
アマレット酒　7g

＊ヴァローナ社ジヴァララクテを使用。＊＊ヴァローナ社ピュアカライブを使用。＊＊＊カカオバリー社ルノートルコンコルドを使用。

1　鍋に牛乳、生クリーム、転化糖を入れて火にかけて温めておく。
2　あらかじめグラニュー糖と安定剤を混ぜておき、これを①に加えて沸騰させる。
3　3種のチョコレートを細かく刻んで湯煎にかけて溶かす。溶けたら②を入れてよく混ぜて、バーミックスにかける。
4　氷水で冷やしたらアマレット酒を加えて混ぜる。
5　ボウルに液体窒素を注ぎ、④を入れて凍らせる。
6　液体窒素が落ち着いてきたら、泡立て器などでざっと砕き、フードプロセッサーでパウダー状にする。

エスプレッソのアイスパウダー

オルタシア

飴のボールに詰めて提供することが多い。飴ボールを割ると中からさらさらのアイスパウダーが。

エスプレッソ抽出液　125g
牛乳　100g
生クリーム（乳脂肪分35％）　100g
卵黄　3個分
グラニュー糖　65g

1　卵黄とグラニュー糖を混ぜ合わせる。
2　鍋に牛乳と生クリームを入れて火にかけて沸かす。
3　①に②を少しずつ加えてよく混ぜ、エスプレッソ抽出液を加えて鍋に移し、火にかけて、マリーズでよく混ぜながらアングレーズを炊く。ゆっくり80℃まで温度を上げる。
4　漉して冷ます。
5　ボウルに液体窒素を注ぎ、④を入れて凍らせる。
6　液体窒素が落ち着いてきたら、泡立て器などでざっと砕き、フードプロセッサーでパウダー状にする。

第3章
シンプルデザート

「＋フルーツ」「＋野菜」「＋チョコレート」「＋凝固剤・ムース」「＋クリーム」「＋生地」などに分類し、それぞれの素材を、各種アイスクリームに合わせた、シンプルなデザートを紹介。最後に普遍的な人気の「パフェ」と、さまざまな素材を組み合わせてつくる豪華なデザートも収録した。

デザート類の材料表について。各パーツとも1人分の分量を記しているが、つくりやすい分量で仕込んだパーツに関しては、この中から一部を使う場合は「以下を★g」と表記している。また、材料で単位記号のないものは、配合の割合を示している。
たとえば、「シロップ　以下より200g」とあり、その下に「グラニュー糖　2」「水　1」とあった場合は、グラニュー糖2に対して、水1を合わせてつくったシロップを200g使用するという意味である。

シンプルデザート
＋フルーツ

ミルクのパウダーシャーベットと苺のスープ
フロリレージュ

客席で盛りつけ、提供するデザート。淡いスープの味を生かすために、ソルベはさらっとしたパウダー状の無糖とした。客席での盛りつけが不可能な場合は、スープにゲル化剤をごく少量加えておくと、ソルベが溶けにくくなる。

牛乳のソルベ（→55頁）　1人分30g
苺のスープ　1人分50g
　イチゴ　200g
　グラニュー糖　40g
　レモン汁　10g
オクサリスの花　適量

苺のスープ
1　イチゴはヘタをとる。真空袋にイチゴ、グラニュー糖、レモン汁を入れて、100％の真空にかける。
2　80℃の湯で40分間湯煎する。
3　出てきた澄んだエキス分をペーパータオルで漉して冷やす。

盛りつけ
1　客席で盛りつける。皿に苺のスープを注ぎ、牛乳のソルベを添える。オクサリスの花を飾る。

シンプルデザート ｜ ＋フルーツ

苺のコンソメ
スパイスの効いた
ホワイトチョコジェラート

リストランテ ラ バリック

イチゴのコンソメは味が単調なので、アイスクリームのホワイトチョコレートでコクを補い、スパイスでキレを与えた。グラニテで清涼感をプラス。足りないものを補い合ってまとめた一皿。

メロンの氷と減圧したメロン

リストランテ プリマヴェーラ

シンプルなメロンの氷と、減圧調理したメロンの組合せ。ミントを添えて涼しげに。

スイカのブラッディメアリー
フロリレージュ

スイカのカクテルを客席でシェイクして注ぐ、夏向きのデザート。カクテルには煮詰めて味を凝縮させたスイカジュースを加えている。

スイカといちじくのスープ ココナッツのソルベ
リストランテ ラ バリック

凍らせたスイカを散らした、キーンと冷たい盛夏のデザート。水分の多いフルーツに、コクのあるココナッツのソルベを合わせてアクセントに。

苺のコンソメ スパイスの効いた ホワイトチョコジェラート

ホワイトチョコレートのアイスクリーム（→30頁）　1人分30g
ジビッボのグラニテ（→78頁）　1人分10g
イチゴのコンソメ　1人分60g
　　イチゴ　500g
　　グラニュー糖　15g
イチゴ　適量
イチゴのチップ　適量
　　イチゴ（コンソメで残ったもの）　全量
ミントの葉　適量

イチゴのコンソメ
1　イチゴはヘタを取り、グラニュー糖とともに真空袋に入れて100％真空にかけ、90℃のスチームコンベクションオーブン（100％スチームモード）で1〜2時間蒸す。
2　抽出したイチゴ果汁を冷やしてコンソメとする。残ったイチゴの果肉はチップに用いる。

イチゴのチップ
1　コンソメで残ったイチゴの果肉をミキサーにかけて、天板に薄くのばす。
2　90℃のオーブンに1時間入れて乾燥させる。
3　適当な大きさに切って用いる。

盛りつけ
1　イチゴのコンソメを流し、4等分に切ったイチゴを盛る。
2　ホワイトチョコレートのジェラートを盛り、イチゴのチップをのせる。ジビッボのグラニテをのせて、ミントの葉を飾る。

メロンの氷と減圧したメロン

メロンの氷（→79頁）　1人分3切れ
メロンのガストロバック　1人分12粒
　　メロン　1個
　　シロップ（ブリックス度18％）　適量
　　ミントの葉　適量
ミントの葉　適量

メロンのガストロバック
1　メロンをくり抜き器で丸くくり抜き、シロップとミントの葉とともに容器に入れる。減圧調理器（ガストロバック）*にかけ、味と香りを含ませる。
2　シロップにつけたまま冷蔵庫で冷やしておく。

盛りつけ
1　メロンの氷をセルクルで抜いて4等分にする。
2　冷やした皿に、減圧調理したメロンと、メロンの氷を交互に盛る。ミントの葉を彩りよく散らす。

*ガストロバックは、加熱せず減圧度27に設定して、シロップとミントの風味をメロンにつけている。

スイカのブラッディメアリー

スイカのソルベ（→43頁）　1人分45g
スイカのカクテル　1人分以下全量
　煮詰めたスイカジュース　75g
　フレッシュのスイカジュース　75g
　ウォッカ　10g
種のキャラメリゼ　適量
　スイカの種　適量
　グラニュー糖　適量
スイカ　適量

スイカのカクテル
1　スイカのソルベで残ったジュースを1/3程度まで煮詰め、冷やしておく。
2　別にスイカをジューサーで搾ってフレッシュのスイカジュースを用意する。

種のキャラメリゼ
1　鍋にグラニュー糖と少量の水を加えて火にかけ、カラメルをつくる。
2　ここにスイカの種を入れてからめ、火を入れる。

盛りつけ
1　グラスにスイカのソルベと、角切りにしたスイカ、キャラメリゼした種を盛る。
2　スイカのカクテルを用意する。シェーカーにウォッカ、煮詰めたスイカジュース、フレッシュのスイカジュースを注ぐ。
3　客席でシェイクし、グラスに注ぐ。

スイカといちじくのスープ ココナッツのソルベ

ココナッツのソルベ（→58頁）　1人分30g
スイカといちじくのスープ　1人分70g
　スイカ（果肉のみ）　280g
　イチジク（皮を除く）　120g
　グラニュー糖　20g
　レモン汁　少量
スイカの種　適量
　チョコレート（カカオ分55％）＊　適量
スイカ　適量

＊ヴァローナ社エクアトリアール・ノワール（フェーヴ）を使用。

スイカといちじくのスープ
1　材料は冷やしておく。すべて合わせてミキサーにかける。

スイカの種
1　チョコレートをテンパリングし、コルネで小さなスイカの種を絞る。

スイカ
1　スイカの果肉を5mm角に切って冷凍する。

盛りつけ
1　冷たいスープを注ぎ、ココナッツのソルベを盛る。
2　まわりにチョコレートでつくったスイカの種と、角切りにして冷凍したスイカを散らす。

パイナップルのカルパッチョと
ココナッツのパルフェ
アニス風味のメレンゲ バジルの香り
パティスリー プレジール

グラニテのバジルが、すっと抜けるような清涼感を与えてくれる。パイナップルはフレッシュを使うのがポイント。

桃のマリネ 桃ソルベ アマレットソース

リストランテ ラ バリック

味も香りも繊細なモモは、あまり手を加えずに、モモそのものの味をストレートに出す。

パッションフルーツのジュレ ヨーグルトのソルベ

リストランテ ラ バリック

やさしい酸味のヨーグルトのソルベと、酸味の強いパッションフルーツの組合せ。それぞれの酸味が違和感なくなじみ、口の中で溶けて引き立て合う。

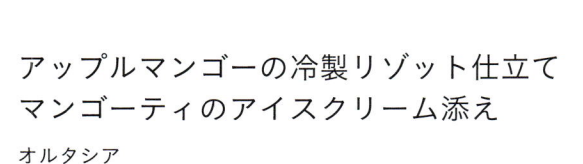

アップルマンゴーの冷製リゾット仕立て マンゴーティのアイスクリーム添え

オルタシア

アイスクリームとリオレをマンゴーがつなげたトロピカルな一皿。甘酸っぱいパッションフルーツとマンゴーのソースが味のアクセント。

パイナップルのカルパッチョと
ココナッツのパルフェ
アニス風味のメレンゲ バジルの香り

ココナッツのパルフェ（→64頁） 1人分50g
パイナップルとバジルのグラニテ（→75頁） 1人分20g
パイナップルのマリネ 1人分2枚
　パイナップル（スライス） 1個分
　水 400g
　グラニュー糖 100g
　八角 1個
　バニラスティック 1/2本
パイナップルのチップ 1人分3枚
　パイナップル（スライス） 適量
　シロップ（ボーメ30度→74頁） 適量
アニスのメレンゲ（→196頁） 1人分3本
パイナップルの泡ソース 適量
　パイナップル 200g
　乳化剤（レシチン） 1つまみ
バジルの葉 適量

パイナップルのマリネ
1　パイナップルはできるだけ薄くスライスして、バットに並べる。
2　パイナップル以外の材料を沸騰させてシロップをつくり、熱い状態で①のパイナップルにかける。
3　このまま2〜3時間おいて冷ます。

パイナップルのチップ
1　パイナップルはできるだけ薄くスライスし、シロップに浸して1〜2時間おく。
2　シロップをきり、シルパットに重ならないように並べて、90℃のオーブンに40〜50分間入れて乾燥させる。裏返してオーブンに戻し、さらに20分間おく。保存はシリカゲルを入れた密閉容器で。

パイナップルの泡ソース
1　パイナップルの果肉をミキサーにかけて、なめらかにして漉し、乳化剤を加えてよく混ぜて溶かす。冷蔵保管する。

盛りつけ
1　ココナッツのパルフェをスプーンですくって盛り、上にパイナップルのマリネをかぶせ、チップを飾る。
2　パイナップルとバジルのグラニテをフォークでかいて添え、適当な長さに折ったメレンゲとバジルの葉を飾る。
3　バーミックスで泡立てたパイナップルの泡ソースを流す。

桃のマリネ 桃ソルベ
アマレットソース

桃のソルベ（→40頁） 1人分30g
桃のグラニテ（→73頁） 1人分10g
桃のマリネ 1人分1/2個
　モモ 5個
　白ワイン 700g
　カンパリ 160g
　コアントロー 50g
　グラニュー糖 100g
　レモン汁 50g
アマレットソース 1人分15g
　卵黄 4個分
　グラニュー糖 50g
　牛乳 250g
　生クリーム（乳脂肪分47％） 25g
　アーモンドスライス 25g
　アマレット酒 200g
ミントの葉 適量

桃のマリネ
1　モモを半分に切って種を取り除く。
2　白ワイン、カンパリ、コアントローを合わせて火にかけ、アルコールを飛ばし、グラニュー糖、レモン汁を入れて冷やす。
3　冷めたらモモを入れて1時間つける。

アマレットソース
1　卵黄とグラニュー糖をすり混ぜておく。
2　牛乳、生クリーム、アーモンドスライスを鍋に入れて火にかけ、沸騰直前で火を止めて、蓋をして30分間おいて香りを移したのち、漉す。
3　アマレット酒は火にかけて、アルコールを飛ばす。②と合わせて、①の中に入れて鍋に移し、火にかけてアングレーズの要領で82℃まで加熱する。冷蔵庫で冷やしておく。

盛りつけ
1　アマレットソースを器に流し、桃のマリネを盛る。上に桃のソルベをのせ、グラニテを盛る。ミントの葉を添える。

パッションフルーツのジュレ ヨーグルトのソルベ

ヨーグルトのソルベ（→56頁）　1人分30g
パッションフルーツのジュレ　1人分35g
　パッションフルーツ　12個（裏漉し280g）
　シロップ　250g
　┌ 水　1
　└ グラニュー糖　2
　パールアガー　40g
チョコレートの種　適量
　チョコレート（カカオ分55％）＊　適量

＊ヴァローナ社エクアトリアール・ノワール（フェーヴ）を使用。

パッションフルーツのジュレ
1　パッションフルーツの種と果肉をスプーンなどでくり抜き、フードプロセッサーにかけて裏漉しする。フードプロセッサーにかけても、種は固いのでつぶれない。
2　①を280g量ってシロップを加え、パールアガーを混ぜて、60℃以上に温めて溶かす。
3　漉して残ったパッションフルーツの種とチョコレートの種（後述）を同量ずつ用意し、②に混ぜる。
4　パッションフルーツの皮に盛る。ジュレは常温で固まる。

チョコレートの種
1　チョコレートをテンパリングし、コルネに入れて小さな種を絞る。

盛りつけ
1　パッションフルーツのジュレを盛り、上にヨーグルトのソルベをのせる。

アップルマンゴーの冷製リゾット仕立て マンゴーティのアイスクリーム添え

マンゴーティのアイスクリーム（→32頁）　1人分30g
パッションフルーツとマンゴーのソース　以下を適量
　マンゴーのピュレ　40g
　┌ マンゴー　50g
　│ グラニュー糖　10g
　│ 板ゼラチン　0.8g
　└ レモン汁　5g
　パッションフルーツ　1個
　シロップ
　┌ グラニュー糖　5g
　└ 水　5g
リオレ（→193頁）　1人分25g＋25g
マンゴーのピュレ　1人分10g
マンゴースライス　1人分10g＋20g
バニラスティック　1人分1本

パッションフルーツとマンゴーのソース
1　マンゴーのピュレを用意する。ミキサーにかけたマンゴーとグラニュー糖を火にかけて溶かす。ここに水で戻した板ゼラチンを加えて溶かし、粗熱がとれたらレモン汁を加えてピュレをつくる。
2　マンゴーのピュレとパッションフルーツの果肉、シロップを合わせる。

組み立てる
1　5.5cm角×高さ3cmの型に、リオレを25g詰める。その上にマンゴーのピュレ10gをのばし、マンゴースライス10gをのせる。さらにリオレ25gを詰めてマンゴーをはさむ。上にマンゴースライス20gをのせ、マンゴーのピュレ（分量外）を上にぬって、冷蔵庫で冷やし固める。

盛りつけ
1　リオレとマンゴーを盛り、マンゴーティのアイスクリームを盛る。バニラスティックを添えて、パッションフルーツとマンゴーのソースを流す。

シンプルデザート ｜ ＋フルーツ

ライチのエスプーマ
練乳のソルベとパイナップル

オルタシア

真っ白なデザートの中から、色鮮やかな黄色いパイナップルとピュレが顔を出す。ライチのエスプーマが全体をやさしくまとめている。

巨峰のジュレと巨峰のグラニータ

リストランテ ラ バリック

濃厚なバニラのアイスクリームにジュレの巨峰が負けてしまうので、味をストレートに出せる巨峰のグラニテを添えて補った。

和三盆とトンカ豆風味の フォアグラのアイスクリーム

オルタシア

フォワグラのテリーヌに和三盆を使ってコクと香ばしさを加え、フォワグラ特有のにおいをマスキングする。

シンプルデザート ＋フルーツ

ライチのエスプーマ
練乳のソルベとパイナップル

練乳のソルベ（→58頁）　1人分30g
水をきったヨーグルト（→192頁）　1人分25g
パインピュレ　1人分12g
　ゴールデンパイン　1個
　バニラスティック　1本
　ミントの葉　6束
　ミントリキュール　70g
パインコンカッセ　1人分8g
　ゴールデンパイン　380g
　ペパーミントの葉　1つかみ
　グラニュー糖　20g＋20g
　水　35g
　ペクチン　2g
ナタデココ（市販）　1人分2個
アロエ煮＊　1人分2切れ
ライチのエスプーマ　以下を適量
　ライチジュース（市販）　400g
　グラニュー糖　20g
　板ゼラチン　7g（2枚）

＊アロエ1本は皮をむいて15cm長さに切り、水からゆでこぼす。シロップ（グラニュー糖150g、水150g）に漬けて保存する。使用時は1cm角に切る。

パインピュレ
1　ゴールデンパインの皮と芯を取り除き、果肉をミキサーに10分間かけてピュレ状にする。
2　鍋にピュレとバニラの種とサヤを入れて沸騰させ、1/3まで煮詰めて、とろっとした状態にする。
3　ここにミントの葉をちぎり入れ、蓋をして香りを移す。シノワで漉して、氷水にあてて冷やす。
4　最後にミントリキュールを加える。

パインコンカッセ
1　ゴールデンパインの果肉を5cm角に切る。鍋にパイナップルとグラニュー糖20gを入れて沸騰させる。
2　グラニュー糖20gとペクチンをよく合わせておいたものを、沸騰した①に加えて煮る。
3　水分がなくなったら氷水で冷やし、ペパーミントの葉を細かく刻んで加える。

ライチのエスプーマ
1　ライチジュース少量とグラニュー糖を沸騰させる。ここに氷水で戻した板ゼラチンを入れて溶かす。
2　残りのライチジュースを入れてよく混ぜる。氷水にあてて冷やし、サイフォンに入れる。ガスを注入してよくふって冷やしておく。

盛りつけ
1　少し深さのある器の一番下に水をきったヨーグルトを盛る。その上にパイナップルのピュレで和えたコンカッセをのせて、ナタデココ、アロエ煮を並べる。
2　練乳のソルベをスプーンでクネルに抜いて盛り、上からライチのエスプーマを絞る。

巨峰のジュレと巨峰のグラニータ

バニラのアイスクリーム（→27頁）　1人分30g
巨峰のグラニテ（→18頁）　1人分20g
巨峰のジュレ　1人分100g
　　巨峰　900g
　　巨峰の果汁とモスカート＊　合計700g
　　グラニュー糖　30g
　　板ゼラチン　12g
　　ミントの葉　適量
＊マスカット種のイタリア産白ワイン。

巨峰のジュレ
1　巨峰を半分に切って、皮をむく。皮はサラシなどに包んで果汁を搾る。
2　果汁とモスカートを合わせ、グラニュー糖を入れて、40℃に温める。ここに水で戻した板ゼラチンを加えてボウルに移し、氷水をあてて冷やす。
3　ジュレが固まり始めたら、①の果肉を混ぜて、冷蔵庫で冷やし固める。

盛りつけ
1　巨峰のジュレを盛り、上にバニラのアイスクリームをのせる。
2　グラニテをかけて、ミントの葉を添える。

和三盆とトンカ豆風味のフォアグラのアイスクリーム

フォアグラのアイスクリーム（→36頁）　1人分16g
グロゼイユ　適量
トンカ豆　適量

盛りつけ
1　フォアグラのアイスクリームをスプーンでクネルに抜いて盛り、グロゼイユの実をのせる。
2　皿のまわりに、すりおろしたトンカ豆とグロゼイユの房を添える。

栗のスープにリコッタチーズムース アカシア蜂蜜ジェラート

リストランテ ラ バリック

濃厚なイタリア産クリのペーストをスープに使い、味わいの穏やかな和栗の渋皮煮をムースの中に1個入れたクリのデザート。くせのない蜂蜜のアイスクリームを合わせた。

干し柿のムースと柿のソルベ

リストランテ ラ バリック

レストランの庭先で完熟した柿のソルベと、干し柿でつくったねっとりとしたムースの組合せ。アマレットの香りと甘みがアクセント。

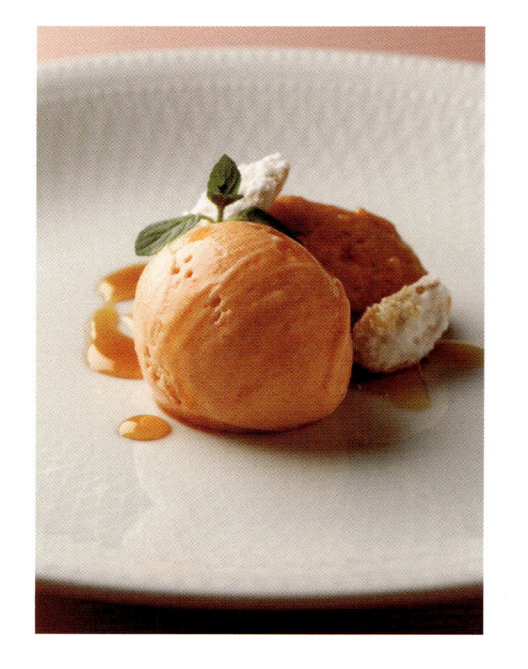

ほおずきの冷たいデクリネゾン
フロリレージュ

ホオズキにそれぞれ別の調理を施して、氷菓、ゼリー、ベニエなどのさまざまな味で楽しむ一皿。

栗のスープにリコッタチーズムース アカシア蜂蜜ジェラート

アカシア蜂蜜のアイスクリーム（→28頁）　1人分60g
クリのスープ　1人分50g
　クリのペースト　150g
　牛乳　300g
　卵黄　2個分（40g）
　グラニュー糖　20g
リコッタチーズムース　1人分80g
　リコッタチーズ　200g
　レモン汁　5g
　生クリーム（乳脂肪分47％）　80g
　卵白　35g
　グラニュー糖　35g
　水　20g
クリの渋皮煮（→194頁）　1人分1個

クリのスープ
1　クリのペーストに冷たい牛乳を少しずつ加えて溶かす。
2　卵黄、グラニュー糖を泡立て器で白っぽくなるまですり混ぜて、①を加える。
3　これを火にかけ、82℃まで加熱し、氷水にあてて冷やして、ミキサーにかける。冷蔵庫で冷やしておく。

リコッタチーズムース
1　リコッタチーズ、レモン汁を合わせてミキサー（ホイッパー）で混ぜる。
2　ここに8分立てにした生クリームを加えて混ぜる。
3　別に卵白をミキサー（ホイッパー）で泡立てる。
4　グラニュー糖と水を熱して118℃まで上げてシロップをつくり、③の卵白の中に少しずつ加えながら回し、イタリアンメレンゲをつくる。冷めるまで回し続ける。
5　②に、イタリアンメレンゲを2回に分けて加えて混ぜる。
6　ココット型に⑤を入れ、クリの渋皮煮を中に入れて、1日冷蔵庫で冷やしておく。

盛りつけ
1　器にクリのスープを流し、リコッタチーズムースとアカシア蜂蜜のアイスクリームを盛る。

干し柿のムースと柿のソルベ

柿のソルベ（→42頁）　1人分20g
干し柿のムース　1人分30g
　干し柿　6個
　生クリーム（乳脂肪分47％）　200g
　牛乳　100g
　板ゼラチン　6g
アマレットソース　以下を適量
　アマレット酒　150g
　レモン汁　15g
アーモンドの糖衣がけ　1人分2粒
　アーモンド　100g
　グラニュー糖　130g
ミントの葉　適量

干し柿のムース
1　牛乳を40℃に温め、水で戻した板ゼラチンを溶かす。
2　種を抜いた干し柿と生クリーム、①の牛乳をミキサーボウルに入れて回し、ムースとする。
3　保存容器に入れて冷やし固める。

アマレットソース
1　アマレット酒とレモン汁を合わせて火にかけ、半量まで煮詰める。

アーモンドの糖衣がけ
1　アーモンドを天板に並べ、170℃のオーブンに20分間入れてローストする。
2　グラニュー糖を鍋に入れて火にかけ、120℃まで加熱する。
3　ここに①のアーモンドを入れて混ぜ、白っぽく結晶させて糖衣がけをする。広げて冷ます。

盛りつけ
1　柿のソルベを盛り、脇に干し柿のムースを盛り合わせる。器にアマレットソースをたらす。
2　アーモンドの糖衣がけとミントの葉を添える。

ほおずきの冷たいデクリネゾン

(5人分)
ほおずきのソルベ
 ホオズキのソルベ（→46頁）　適量
 チョコレート（カカオ分70％）＊　適量
ほおずきのパートドフリュイがけ
 ホオズキ　5粒
 パートドフリュイ　以下を適量
  アンズのピュレ　250g
  ペクチン　7g
  グラニュー糖　262g
  クエン酸　6g
ほおずきのホワイトチョコレートがけ
 ホオズキ　5粒
 ホオズキのエキス（→46頁②）　100g
 粉ゼラチン　4g
 ホワイトチョコレート　適量
ほおずきのベニエ
 ホオズキ　5粒
 薄力粉　適量
 ベニエ生地　以下を適量
  薄力粉　90g
  ドライイースト　9g
  冷たいビール　135g
 揚げ油　適量
 グラニュー糖　適量
ホオズキ　5粒
ほおずきのソース
 ホオズキ　10粒
 バター　17g
 グラニュー糖　25g
 クエン酸　2g
ほおずきの粉　以下を適量
 ホオズキの薄皮　適量
 シロップ　適量
  グラニュー糖　1
  水　1
 バター　適量

＊カオカ社エクアトゥールを使用。

ほおずきのソルベ
1　ホオズキのソルベをパコジェットにかけ、くり抜き器で丸く抜いて、ショックフリーザーに入れて固める。
2　チョコレートをテンパリングし、①をくぐらせてコーティングする。固まったら冷凍庫で冷やし固める。

ほおずきのパートドフリュイがけ
1　まずパートドフリュイをつくる。材料をすべて合わせて火にかけて、たえず混ぜながら、107℃まで熱する。
2　ホオズキをパートにくぐらせ、冷凍庫に入れて凍らせる。

ほおずきのホワイトチョコレートがけ
1　温かいホオズキのエキスに、5倍量の水でふやかした粉ゼラチンを入れて溶かす。
2　ここに軽くつぶしたホオズキを入れて、10gずつをラップフィルムで包んで茶巾に絞り、丸く固めて冷蔵庫で冷やし固める。
3　ホワイトチョコレートを細かく刻んで湯煎にかけてテンパリングし、②をくぐらせてコーティングする。冷凍庫で保管する。

ほおずきのベニエ
1　ベニエ生地をつくる。冷たいビールの中に、薄力粉とドライイーストを加えて混ぜる。
2　ホオズキの実に薄力粉をまぶし、殻の部分を持ってベニエ生地にくぐらせ、180℃に熱した揚げ油でさっと揚げる。
3　グラニュー糖をまぶす。

ほおずきのソース
1　鍋にホオズキを入れて、バター、グラニュー糖、クエン酸を入れて蓋をし、200℃のオーブンで15分間火を入れる。
2　ミキサーにかけて、鍋に漉して、2/3程度まで煮詰める。

ほおずきの粉
1　ホオズキの薄皮を、沸かしたシロップの中に入れて冷ます。
2　天板にバターを吹きつけ、ホオズキの皮を並べて、100℃のオーブンに2時間入れて、ぱりぱりに乾燥させる。
3　ミルサーで粉末状にする。

盛りつけ
1　手前から時計回りに、ホオズキ、ベニエ、ほおずきのソルベ、パートドフリュイがけ、ホワイトチョコレートがけを盛る。
2　ほおずきの粉を散らし、別にほおずきのソースを添える。

ラムあんぽ柿のアイスクリームと柿の種

フロリレージュ

やわらかいアングレーズのアイスクリームに、2種類の干し柿を刻み込んだデザート。干し柿のスープを添えて。

柿のコンポートとピスタチオナッツのパルフェ

パティスリー プレジール

カキのオレンジ色と、ナッツの緑色の対比が美しい。色の合うものは、概して味の相性もよい。ここではそんな一例を紹介。アプリコットのジュレはお互いのつなぎ役。

紅玉と5種類のスパイスのパルフェ ミルフィユ仕立て
パティスリー プレジール

キャラメリゼしたリンゴとパイを使ったアップルパイのような冬のデザート。リンゴによく合うスパイス風味のパルフェを添えて。

紅玉のロティ タヒチ産バニラのアイスクリーム添え
パティスリー プレジール

酸味のある紅玉を使った熱々の焼きリンゴの上に、冷たいバニラアイスクリームをのせて、とろりと溶けて立つバニラの香りを楽しんでいただく。

シンプルデザート ＋フルーツ

ラムあんぽ柿のアイスクリームと柿の種

干し柿スープ　以下を適量
　カキ（かたいもの）　5個
ラムあんぽ柿のアイスクリーム
　アングレーズのアイスクリーム（→27頁）　1人分50g
　ラムあんぽ柿　1人分10g
　　あんぽ柿　1個
　　自家製干し柿（スープで使用したもの）　2個
　　ラム酒　200g
柿の種　1人分3粒
　アーモンド　適量
　グラニュー糖　適量
柿パウダー　以下を適量
　スープでジューサーにかけて残ったカキ　適量

干し柿スープ
1　まず自家製の干し柿をつくる。かたい甘ガキを用意し、皮つきのまま半分か1/4に切って、1週間ほど陰干しする。
2　自家製干し柿をジューサーにかけ、一晩重石をして漉してスープとし、冷やしておく。残ったカスは、柿パウダーに使うのでとっておく。

ラムあんぽ柿のアイスクリーム
1　ラムあんぽ柿をつくる。市販のあんぽ柿、上記自家製干し柿を角切りにする。真空袋に入れて、ラム酒を注ぎ、100％真空にかけて常温で1週間おく。
2　アングレーズのアイスクリーム50gに、ラムあんぽ柿10gを混ぜる。

柿の種
1　グラニュー糖と少量の水を鍋に入れて火にかけ、カラメルをつくる。ここにアーモンドを入れて火を入れる。

柿パウダー
1　干し柿スープ②で残ったカスを食器用ウォーマーに3日間入れて乾燥させ、ミルサーにかける。

盛りつけ
1　ラムあんぽ柿のアイスクリームを盛り、柿の種を散らす。まわりに柿パウダーをふる。
2　別のグラスで冷たい干し柿スープを添える。

柿のコンポートとピスタチオナッツのパルフェ

キルシュ入りピスタチオのパルフェ（→15頁）　1人分50g
柿のコンポート　1人分3切れ
　カキ　2個
　水　300g
　グラニュー糖　150g
アプリコットのジュレ　以下を適量
　アプリコットのピュレ（冷凍）　175g
　水　200g
　グラニュー糖　75g
　バニラスティック　1/8本
　オレンジ果汁　125g
　板ゼラチン　7g
　モモのリキュール　8g
メレンゲ（→196頁）　適量
ピスタチオナッツの糖衣がけ（→196頁）　1人分2〜3粒

柿のコンポート
1　カキは皮をむき、種を除いて、8等分のくし形切りにする。
2　冷たいシロップの中にカキを入れて火にかける。
3　カキがやわらかくなったら、火を止めてそのまま冷ます。

アプリコットのジュレ
1　板ゼラチンとモモのリキュール以外の材料をすべて合わせて、沸騰させる。
2　ここに水で戻した板ゼラチンを溶かして漉し、粗熱をとる。
3　冷めたらモモのリキュールを加えて、容器に流し、冷蔵庫で冷やし固める。

盛りつけ
1　ピスタチオのパルフェを四角く切って盛る。
2　柿のコンポートと、スプーンですくったアプリコットのジュレを添える。
3　まわりにくずしたメレンゲと、半分に割ったピスタチオナッツの糖衣がけを散らす。

紅玉と5種類のスパイスのパルフェ ミルフィユ仕立て

5種類のスパイスを使ったキャラメルのパルフェ（→65頁）
　1人分60g
リンゴのキャラメリゼ　1人分4切れ
　紅玉　2個
　グラニュー糖　80g
　バター　10g
　リンゴジュース　80g
パイ（→196頁）　1人分3枚
キャラメルソース（→197頁）　適量
シナモンパウダー　適量

リンゴのキャラメリゼ
1　グラニュー糖に水少量（分量外）を加えて火にかけ、色づけてカラメルをつくる。
2　バターとリンゴジュースを加えて、それ以上色づくのを止める。
3　皮をむいて8等分のくし形に切った紅玉を入れる。ときおり返しながら、弱火で水分がなくなるまで煮詰める。

盛りつけ
1　器のまわりにキャラメルソースを流し、リンゴのキャラメリゼとざっくりと割ったパイを交互に盛りつける。
2　5種類のスパイスを使ったキャラメルのパルフェを盛り、シナモンパウダーをふる。

紅玉のロティ タヒチ産バニラのアイスクリーム添え

タヒチ産バニラのパルフェ（→63頁）　1人分60g
焼きリンゴ　1人分1切れ
　紅玉　1個
　バニラスティック　1/2本
　グラニュー糖　15g
　バター　15g
ハチミツ　適量
バルサミコ酢のソース　以下を適量
　バルサミコ　適量

焼きリンゴ
1　紅玉の芯をくり抜いて、バニラスティックの種とバター、グラニュー糖を詰めて、180℃のオーブンで15～20分間焼く。

バルサミコ酢のソース
1　バルサミコ酢を半分程度まで煮詰める。

盛りつけ
1　器にバルサミコ酢のソースを流し、焼きリンゴを盛る。ハチミツをかけて、バニラのパルフェをのせる。
2　バニラスティックを飾る。

シンプルデザート ＋フルーツ

シンプルデザート ｜ ＋フルーツ

りんごのスープとシナモンジェラート

リストランテ ラ バリック

リンゴに相性のよいシナモンを合わせたドルチェ。スープには乳製品を加えてコクをだし、酸味を加えて、きりっと締めた。ソルベのシナモンの香りをきかせるのがポイント。

オレンジのパルフェ
カンパリグレープ

リストランテ ラ バリック

オレンジをパルフェ、グレープフルーツをスープ、フレッシュといったさまざまな形でまとめたデザート。パルフェの上にはオレンジ果汁を薄く流して凍らせた。

チョコレートのカンノーリ仕立て
オレンジソース

リストランテ ラ バリック

クリームのかわりに、チョコレートのソルベを詰めたカンノーリ。ソースはオレンジの皮を加えてビターに仕上げる。秋から冬に向くデザート。

シンプルデザート ＋フルーツ

りんごのスープとシナモンジェラート

シナモンのアイスクリーム（→35頁）　1人分30g
リンゴのスープ（15人分）　1人分80g
　紅玉　6個
　グラニュー糖　70g
　バター　30g
　牛乳　350g
　生クリーム（乳脂肪分47％）　40g
　カルヴァドス　20g
　レモン汁　適量
　ハチミツ　適量
リンゴのジュレ　1人分20g
　あかねリンゴのジュース　1.2リットル
　板ゼラチン　12g
リンゴのチップ（→194頁）　1人分1枚

リンゴのスープ
1　紅玉は皮をむいて、ざく切りにする。鍋に入れて浸るくらいの水とバターを入れて火にかける。
2　沸いたら火を弱めて1時間半くらいことことと煮て味を凝縮させる。味がぼけてしまうので、煮くずれしないよう注意する。
3　煮終えたらグラニュー糖を入れて混ぜ、冷ます。
4　牛乳、生クリーム、カルヴァドス、好みの量のレモン汁とハチミツを③に加えてミキサーで混ぜる。提供時まで冷蔵庫で冷やしておく。

リンゴのジュレ
1　リンゴジュースを温めて、冷水で戻した板ゼラチンを加えて溶かす。
2　容器に流して冷やし固める。

盛りつけ
1　器にリンゴのスープを注ぎ、スプーンでリンゴのジュレをくずして盛り、シナモンのアイスクリームをのせる。
2　上にチョコレートの種をつけたリンゴのチップを飾る。

オレンジのパルフェ カンパリグレープ

オレンジのパルフェ　1人分60g
　オレンジのパルフェ（→68頁）
　オレンジ果汁　3個分
カンパリグレープ　1人分果実30g、スープ30g
　グレープフルーツ（白、ピンク）　各1個
　カンパリ　20g
オレンジの皮のシロップ煮（→68頁）　適量
ミントの葉　適量

オレンジのパルフェ
1　オレンジのパルフェをバットに流して凍らせる。
2　パルフェが凍ったら、オレンジ果汁を上に流して再び冷凍庫で凍らせる。

カンパリグレープ
1　グレープフルーツをむいて、果肉と果汁に分ける。果肉は、のちほど使用する。
2　果汁にカンパリを加えて混ぜ、冷やしておく。

盛りつけ
1　オレンジのパルフェを、直径6cmのセルクルで抜いて器に盛る。上にオレンジの皮のシロップ煮とミントの葉を添える。
2　カンパリグレープを注ぎ、グレープフルーツの果肉をまわりに盛りつける。

チョコレートのカンノーリ仕立て オレンジソース

チョコレートのソルベ（→59頁）　1本分50g
オレンジのカンノーリ
　オレンジ（スライス）　1人分3枚
　シロップ　適量
　　グラニュー糖　2
　　水　1
チョコレートのカンノーリ　1人分1枚
　卵白　100g
　粉糖　160g
　薄力粉　80g
　ココアパウダー　50g
　澄ましバター　100g
ヘーゼルナッツ（ロースト）　適量
オレンジのソース（→194頁）　適量
ミントの葉、粉糖　各適量

オレンジのカンノーリ
1　冷たいシロップに、オレンジのスライスを1時間つける。
2　天板に広げ、90℃のオーブンに1時間入れて乾燥させる。オレンジを取り出して、カンノーリの管に3枚巻きつける。
3　元のオーブンに戻し、さらに30分間加熱して乾燥させる。冷めたら管をはずす。
4　チョコレートのソルベを絞り袋に入れてカンノーリに詰める。両端にミントの葉を飾る。

チョコレートのカンノーリ
1　卵白に粉糖を加えてよく混ぜて、卵白のコシを切る。
2　ふるった薄力粉とココアパウダーを混ぜて、卵白にしっかり混ぜる。
3　澄ましバターを加えて混ぜ、生地をつくる。1日冷蔵庫でやすませると、生地から空気が抜けてなめらかになる。
4　天板の上に、生地を直径10cmほどに薄く流し、190℃のオーブンに約2分間入れて8割ほど焼く。まだやわらかいうちにカンノーリの管に巻いて、元のオーブンに戻して、さらに1分間焼いたのち、はずしておく。
5　チョコレートのソルベを絞り袋に入れてカンノーリに詰める。両端にヘーゼルナッツを刻んでまぶす。

盛りつけ
1　オレンジのソースを流し、オレンジのカンノーリとチョコレートのカンノーリを盛る。上から粉糖をふる。

コアントローのパルフェと
金柑のコンポートとそのソース
ミカンの泡を添えて

パティスリー プレジール

ほんの短い時季だけ出回るキンカンには、個性的な味と香りがある。キンカンのほのかな苦みを生かしてコアントローのパルフェと合わせた。

グレープフルーツのグラニテと
コアントローのパルフェ

パティスリー プレジール

コアントローと柑橘の定番の組合せ。合わせたグレープフルーツのグラニテは、フレッシュな果実感を残したいので、くし形に切ったまま凍らせた。

みかんのスフレグラス

フロリレージュ

ミカンの皮でミカンとスフレグラスを包む、サプライズのあるデザート。柑橘の刺激をやわらげるために、空気を含ませたスフレグラスで。

彩り果実のタルト仕立て
ヨーグルトのソルベ
ハーブ風味

オルタシア

いろいろなフルーツに合うように、アーモンドシロップでコクをつけ、ハーブの香りで乳製品の香りをやわらげたヨーグルトソルベを合わせた。

さまざまなフルーツの
ミネストローネ風
なめらかなパイナップルの
アイスクリーム添え

オルタシア

パイナップルで全体をまとめた一皿。すっとさわやかなハーブのスープをフルーツのまわりに流して食べやすくした。

シンプルデザート ＋フルーツ

コアントローのパルフェと
金柑のコンポートとそのソース
ミカンの泡を添えて

コアントローのパルフェ（→69頁）　1人分50g
金柑のコンポート（→180頁）　1人分3個
金柑のソース　以下を適量
　　金柑のコンポート　適量
ミカンの泡ソース　以下を適量
　　ミカンの果汁　適量
　　乳化剤（レシチン）　少量
ミントの葉　適量

金柑のソース
1　金柑のコンポートは、シロップとともに、皮や果肉が少し残るくらいのなめらかさにバーミックスでざっくりとつぶす。

ミカンの泡ソース
1　ミカンの果汁を搾り、少量の乳化剤を混ぜて冷蔵庫に入れておく。
2　提供時にバーミックスで泡立てる。

盛りつけ
1　金柑のコンポートを半分に切って盛り、上にコアントローのパルフェをスプーンでくり抜いてのせる。
2　まわりに金柑のソースを添えて、泡立てたミカンの泡ソースをかける。ミントの葉を飾る。

みかんのスフレグラス

みかんのスフレグラス（→70頁）　1人分5〜6切れ
ミカン　1人分1個
ミカンの皮パウダー　適量

みかんのスフレグラス
1　みかんのスフレグラスを球形の容器に詰めて、ショックフリーザーに入れて凍らせる。

ミカンの皮パウダー
1　ミカンの皮を食器用ウォーマーに入れて乾燥させ（かなり長時間かかる）、ミルサーにかける。

盛りつけ
1　みかんのスフレグラスをくし形に切る。ミカンの皮を一部だけむいて、実を取り出し、スフレグラスをかわりに詰める。取り出した実は薄皮をむいておく。
2　①を器に盛り、ミカンの皮パウダーを添える。

グレープフルーツのグラニテと
コアントローのパルフェ

コアントローのパルフェ（→69頁）　1人分50g
グレープフルーツのグラニテ（→72頁）　1人分30g
グレープフルーツ（白、ピンク）　各適量
ライムの表皮　適量
ミントの葉　適量

盛りつけ
1　白とピンクのグレープフルーツは薄皮をむいてくし形に切って、器に盛る。
2　上にコアントローのパルフェを丸くくり抜いて上に盛る。
3　グレープフルーツのグラニテをフォークでかいて、まわりに盛る。
4　ミントの葉を飾り、上にグレープフルーツを添える。すりおろしたライムの表皮をふる。

彩り果実のタルト仕立て ヨーグルトのソルベ ハーブ風味

ヨーグルトのソルベ（→57頁）　1人分40g
フルーツ各種（大きめの角切り）＊　1人分各1個あるいは1切れ
ディプロマットクリーム　1人分30g
　カスタードクリーム（→193頁）　250g
　生クリーム（乳脂肪分47％）　200g
グラハムキャラメリゼ（→191頁）　1人分4g
クリスティアンセック（→190頁）　1人分2g
ピスタチオナッツ　1人分6粒
オレンジ　1人分3切れ
キウイフルーツ　1人分1切れ
飴（→191頁）　1人分直径9cmの丸形1枚
トロピカルソース（解説省略）　適量
フランボワーズソース（解説省略）　適量
ミントの葉、粉糖　各適量

＊バナナ、イチゴ、メロン、マンゴー、パイナップル、ブルーベリー、フランボワーズを使用。

ディプロマットクリーム
1　カスタードクリームに9分立てにした生クリームを混ぜ合わせる。

盛りつけ
1　皿に直径7.5cmのタルトリングをおき、内側に各種フルーツを並べる。中心にディプロマットクリームを絞り、グラハムキャラメリゼ、クリスティアンセック、ピスタチオナッツをのせる。
2　その上にくし形に切ったオレンジとキウイフルーツをのせて、飴をおく。
3　バーナーで飴を熱し、フルーツの上にかぶせるように溶かす。
4　トロピカルソースとフランボワーズソースをコルネで絞り、③の上にヨーグルトソルベを盛る。ミントを飾り、粉糖をふる。

さまざまなフルーツのミネストローネ風 なめらかなパイナップルの アイスクリーム添え

パイナップルのアイスクリーム（→33頁）　1人分35g
フルーツ各種＊　1人分45g
パイナップルのピュレ＊＊　適量
ハーブのスープ　1人分30cc
　水　200g
　グラニュー糖　40g
　シナモンスティック　1本
　八角　1個
　バニラスティック　1/4本
　カルダモン　1個
　レモン（輪切り）　1/4個分
　オレンジ（輪切り）　1/4個分
　ミントの葉　8枚
　レモン汁　10cc
パイナップルのチュイル（→192頁）　1人分1枚
ミントの葉　適量

＊グロゼイユ、ブルーベリー、イチゴ、フランボワーズ、キウイフルーツ、パイナップル、リンゴ、オレンジ、マンゴーの角切り。
＊＊ミキサーにかけたパイナップル200g、グラニュー糖10g、八角1個をすべて鍋に入れて火にかけ、1/2量まで煮詰める。

ハーブのスープ
1　材料表の水からカルダモンまでを一緒に鍋に入れて火にかける。沸いたら火を止めて、レモンとオレンジとミントの葉を入れて蓋をし、冷めるまでおいて香りを移す。
2　①を漉し、レモン汁を加えて冷やす。

盛りつけ
1　フルーツをパイナップルのピュレで和える。皿にセルクルをおいて、フルーツを詰める。
2　冷たいハーブのスープを流し、セルクルをはずす。
3　上にパイナップルのアイスクリームを盛り、パイナップルのチュイルを飾る。ミントの葉を添える。

シンプルデザート
＋野菜

塩トマトのデクリネゾン
オルタシア

トマトをソルベ、ジュレ、マリネといったさまざまな形で表現し、一皿にまとめた一品。皿の下のブーケのアクリルボックスは誕生日などの演出に使っている。

レモンのソルベットとトマトのマリネ
リストランテ プリマヴェーラ

デザートでも夏の前菜でも合う一品。レモンのソルベにはアニスの香りをしのばせた。シナモンも合う。

トマトのスープに浮かべた
セロリのジェラート

リストランテ プリマヴェーラ

セロリのソルベとトマトのスープを合わせた暑い時期にぴったりのデザート。一口めのセロリの香りが印象的。ぜひフルーツトマトを使いたい。

カプレーゼ

リストランテ ラ バリック

見かけは同じ真っ白いソルベ。食べて初めて違いがわかる。前菜のカプレーゼを、2つのソルベで表現し、冷たいデザートに仕立てた。

シンプルデザート｜＋野菜

レモンのソルベットとトマトのマリネ

レモンのソルベ（→37頁）　1人分40g
トマトのマリネ　1人分1個
　プチトマト（湯むき）　適量
　白ワイン（辛口）　200cc
　ベルモット酒＊　100cc
　グラニュー糖　50g
　八角　1個
　クローブ　1個
　シナモンスティック　1/2本
リモンチェッロ　少量
＊ノイリープラを使用。

トマトのマリネ
1　プチトマト以外のすべての材料を鍋に入れて火にかけて沸かし、アルコールを飛ばす。
2　①が冷めたら、湯むきしたプチトマトをつけて一晩おく。

盛りつけ
1　よく冷やしたグラスにリモンチェッロ（レモンのリキュール）を少し注ぎ、その上にレモンのソルベを盛り、トマトのマリネを飾る。

塩トマトのデクリネゾン

赤いトマトのソルベ（→47頁）　1人分15g
トマトのジュレ　1人分12g
　トマトエキス（→47頁白いトマトのソルベ）　適量
　板ゼラチン　トマトエキスの重量の1.5％
　レモン汁、塩　各適量
塩トマトのマリネ　1人分3切れ
　トマト　10個
　塩、オリーブ油　各適量
　バジルの葉　1〜2枚
　ニンニク　1片
姫金魚草　適量

トマトのジュレ
1　トマトエキスを温め、水で戻した板ゼラチンを溶かす。
2　味をみて、レモン汁、塩を加え、容器に入れて冷やし固める。

塩トマトのマリネ
1　トマトは皮を湯むきし、1/6〜1/8等分のくし形に切る。
2　ボウルに入れて軽く塩をあて、オリーブ油、バジルの葉、つぶしたニンニクをボウルに入れてなじむように和える。一晩冷蔵庫に入れて味をなじませる。

盛りつけ
1　ガラス器に塩トマトのマリネを盛り、くずしたトマトのジュレを添える。
2　上に赤いトマトのソルベを盛って、姫金魚草を飾る。
3　ブーケを入れたアクリルボックスの上にガラス器をのせて供する。

トマトのスープに浮かべた セロリのジェラート

セロリのソルベ（→51頁）　1人分30g
トマトのスープ　1人分50cc
　フルーツトマト　適量
　粉糖（好みで）　適量

トマトのスープ
1　トマトはくし形に切って、ミキサーで軽く回す。種までつぶさないように注意する。
2　粗めのシノワで漉す。味をみて、トマトの酸味とのバランスを考えて粉糖を適量加え、好みの甘さに調節する。

盛りつけ
1　冷やしたグラスにトマトのスープを注ぎ、セロリのソルベを形よく浮かべる。

カプレーゼ

トマトのソルベ（→48頁）　1人分20g
モッツァレッラのソルベ（→59頁）　1人分30g
バジルの砂糖がけ　1人分1本
　バジルの芽　1本
　卵白　適量
　グラニュー糖　適量
オリーブ油　適量

バジルの砂糖がけ
1　卵白は泡立て器でよく混ぜてコシを切っておく。
2　バジルの芽を卵白にくぐらせて、グラニュー糖をまぶす。
3　涼しくて風があたるところに一昼夜おいて、乾燥させる。

盛りつけ
1　トマトのソルベとモッツァレッラのソルベを盛り合わせ、オリーブ油をかける。
2　バジルの砂糖がけを添える。

シンプルデザート ＋野菜

シンプルデザート ＋野菜

焼きなすとエスプレッソのセミフレッド

リストランテ プリマヴェーラ

ナスとコーヒーはセミフレッドの伝統的な組合せ。
イタリアでは野菜も自由にドルチェに取り入れる。

本当の"シューアラクレーム"
フロリレージュ

パリパリのキャベツの葉に包まれたキャベツのアイスクリーム。キャベツという平凡な食材を、驚きと美しさに変えた一品。

白アスパラガスのジェラートとホワイトチョコレートをまぶしたアスパラガス
リストランテ プリマヴェーラ

ホワイトアスパラガスを淡い甘さに煮て、ホワイトチョコレートをまぶして添えた。

シンプルデザート ＋野菜

焼きなすとエスプレッソのセミフレッド

(12cm×18cm角のバット1台分)
エスプレッソのセミフレッド（→71頁）　1人分2切れ
なすのソテー
　　ナス　6本
　　塩　適量
　　オリーブ油　適量
　　バルサミコ酢　適量
　　コーヒー豆　適量

なすのソテー
1　ナスは、できるだけ薄く縦にスライスし、バットに並べ、軽く塩をふってアクを抜く。
2　ナスから出たアクを、ペーパータオルでよくふき取る。
3　フライパンに薄くオリーブ油をぬり、ナスを入れて、両面に焼き色をつける。
4　12cm×18cm角のバットにラップフィルムを敷き、その上にナスをずらすように並べる。冷凍庫に入れて、冷やしておく。

組み立てる
1　ナスを並べたバットにセミフレッドを流し込み、冷凍庫で冷やし固める。

盛りつけ
1　皿に軽く煮詰めたバルサミコ酢を流しておく。
2　バットからセミフレッドを取り出し、ナスを並べた方向に対して垂直に包丁で1.5cmの厚さに切り、冷やしておいた皿に2切れ並べる。
3　砕いたコーヒー豆を散らす。

本当の"シューアラクレーム"

キャベツのアイスクリーム（→34頁）　1人分50g
キャベツのセッシェ　適量
　キャベツ（緑色の部分）　適量
　シロップ　適量
　┃グラニュー糖　1
　┃水　1

キャベツのセッシェ
1　キャベツは緑色の部分をちぎる。真空袋に入れて、浸るくらいのシロップを注いで、100％真空にかける。
2　真空袋を熱湯に2〜3分間入れて、火を通す。
3　キャベツを取り出し、オーブンシートに広げ、100℃のオーブンで2時間半〜3時間かけて乾燥させる。
4　オーブンから取り出して、粗熱がとれたら、冷める前におたまにかぶせて成形し、冷めたらはずす。

盛りつけ
1　キャベツのアイスクリームを器に盛り、上からキャベツのセッシェをかぶせる。

白アスパラガスのジェラートとホワイトチョコレートをまぶしたアスパラガス

ホワイトアスパラガスのソルベ（→48頁）　1人分30g
ホワイトアスパラガスのシロップ煮　1人分3本
　ホワイトアスパラガス（穂先）　3本
　シロップ　適量
　┃グラニュー糖　1
　┃水　2
　ホワイトチョコレート＊　適量

＊トスカーナ産アメデイ社イボワールを使用。

ホワイトアスパラガスのシロップ煮
1　ホワイトアスパラガスの皮をむき、シロップで煮る。
2　アスパラガスに火が入ったら、穂先のみを切り分け、包丁で細かく刻んだホワイトチョコレートをまぶす。

盛りつけ
1　ホワイトアスパラガスのソルベを盛り、ホワイトアスパラガスのシロップ煮を添える。

シンプルデザート　＋野菜

グリーンピースのジェラート
春色の衣をまとって
リストランテ プリマヴェーラ

冷たいソルベは風味を感じにくいので、本来の味と香りが凝縮されたパウダーをまぶして、グリーンピースらしい味を補った。

小松菜のズッパと
カルダモンの香りのパンナコッタ
蜂蜜のジェラートをのせて
リストランテ プリマヴェーラ

ソーダガスを注入したソーダークリームをかけると、小松菜のズッパとパンナコッタが、クリームソーダの味わいに。

シンプルデザート ＋野菜

冷えたビールと枝豆
フロリレージュ

苦みを残したビールのソルベに、枝豆とジャガイモでつくったフライを合わせた。

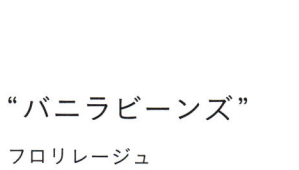

"バニラビーンズ"
フロリレージュ

うっすらと甘く煮た色とりどりの豆に、真っ白いバニラのアイスクリームを合わせた、なつかしいような味わい。

シンプルデザート ＋野菜

グリーンピースのジェラート
春色の衣をまとって

グリーンピースのソルベ（→49頁）　1人分40g
グリーンピースのパウダー　以下を適量
　　グリーンピース　適量
　　塩　適量

グリーンピースのパウダー
1　グリーンピースを塩ゆでし、薄皮をむいて包丁で刻む。
2　天板に広げ、低めのオーブンで乾燥させる。
3　乾燥したグリーンピースをミルサーで粗めに回す。

盛りつけ
1　グリーンピースのソルベを丸くくり抜き、まわりにグリーンピースのパウダーをまぶす。

小松菜のズッパとカルダモンの香りの
パンナコッタ　蜂蜜のジェラートをのせて

蜂蜜のアイスクリーム（→29頁）　1人分20g
小松菜のズッパ　1人分120cc
　　小松菜　1.2kg
　　パイナップル（果肉のみ）　600g
　　リンゴ　300g
　　バナナ　80g
小松菜のソーダークリーム　以下を適量
　　小松菜のピュレ　700g
　　板ゼラチン　3g
パンナコッタ（→193頁）　1人分60g
黒タピオカ＊　1人分6粒

＊熱湯でゆでて、芯がなくなったら冷水にとる。

小松菜のズッパ
1　小松菜はよく洗い、水気をきっておく。
2　パイナップル、リンゴ、バナナは皮をむき、適当な大きさに切る。①とともにミキサーにかけてピュレ状にし、裏漉しする。冷蔵庫で冷やしておく。

小松菜のソーダークリーム
1　小松菜のズッパの②から700gを取り分けて温め、水で戻した板ゼラチンを加える。
2　ソーダーサイフォンに詰め、ソーダーガスを注入し、冷蔵庫で冷やす。

盛りつけ
1　冷やしたスープボウルにパンナコッタをプリン型からはずして盛り、小松菜のズッパを注ぐ。
2　パンナコッタの上にスプーンでくり抜いた蜂蜜のアイスクリームをのせる。
3　サイフォンに詰めた小松菜のソーダークリームをアイスクリームの上にかけ、冷たいうちに提供する。
4　黒タピオカを散らす。

冷えたビールと枝豆

ビールのソルベ（→61頁）　1人分50g
枝豆のスナック　1人分5個
　枝豆　50粒
　ジャガイモ（メークイン）　100g
　薄力粉　55g
　塩　適量
　卵黄　1個分
　揚げ油　適量
枝豆の皮　適量
枝豆の泡　以下を適量
　枝豆　適量
　枝豆のゆで汁　枝豆の10倍量
　乳化剤（レシチン）　少量

枝豆のスナック
1　枝豆をゆでて、薄皮をむき、1粒を4等分に切る。薄皮はあとで使うのでとっておく。
2　ジャガイモはゆでて、裏漉しする。
3　裏漉ししたジャガイモ、薄力粉、塩、卵黄をよく混ぜる。①の枝豆を加えて混ぜる。
4　一口大に丸めて、180℃の揚げ油で揚げて、油をきる。

枝豆の皮
1　枝豆のスナックの①でとりおいた枝豆の薄皮に粉糖（分量外）をふり、食器用ウォーマーに入れて乾燥させる。

枝豆の泡
1　枝豆をゆでてピュレ状にする。10倍量のゆで汁でのばす。
2　使用時は乳化剤を加えて温め、ハンドミキサーで泡立てる。

盛りつけ
1　ビールのソルベを盛り、枝豆の泡をかける。上に枝豆の皮を添える。
2　枝豆のスナックを盛り合わせる。

"バニラビーンズ"

バニラのアイスクリーム（→26頁）　1人分50g
豆のシロップ煮　1人分以下合計40g
　小豆（大納言）　適量
　白インゲン豆（大福豆）　適量
　インゲン豆（紅絞豆）　適量
　青大豆（ひたし豆）　適量
　花豆　適量
　黒豆　適量
　ソラ豆　適量
　砂糖　適量
　シロップ　適量
　│グラニュー糖　1
　│水　1

豆のシロップ煮
1　小豆はかぶるくらいの水を注いで火にかけ、沸いたら1/3の水を捨てて、新たに水を足す。10分間おきにこれを3回くり返してゆでこぼしたのち、シロップで1時間ほど煮る。そのまま冷ます。
2　白インゲン豆、インゲン豆、青大豆、花豆、黒豆は、それぞれ丸1日水につけたのち、水からゆでる。沸騰したら火を弱めてことことするくらいの火加減で煮る。やわらかくなったら水気をきって、シロップで1時間ほど煮る。そのまま冷ます。
3　ソラ豆は薄皮をむいて、シロップでさっと煮る。

盛りつけ
1　分量のバニラのアイスクリームと豆のシロップ煮を混ぜ、器に盛る。別に豆を散らして添える。

野菜のマチェドニア オリーブオイルのジェラート

リストランテ ラ バリック

油分の配合をぎりぎりまで増やした独特の食感のジェラート。オリーブオイルでサラダを食べる感覚のドルチェ。

シンプルデザート ＋野菜

シンプルデザート
＋チョコレート

チョコレートのサラミとゆずのソルベ
リストランテ ラ バリック

チョコレートと柑橘類の相性のよさは周知のところ。ユズを使った、チョコレートに負けない濃厚な味のソルベ。サラミの中に入れたピールがソルベとのつなぎ役。

チョコレートのトルタ
唐辛子のジェラート添え　モディカ風
リストランテ プリマヴェーラ

シチリアのモディカチョコレートは唐辛子入り。チョコレートと唐辛子の組合せをトルタとソルベで表現した。チョコレートの香り、甘み、苦みを唐辛子の辛味が引き締める。

"フロリレージュ"が香る
冷たいボンボンショコラ
フロリレージュ

店名でもある"フロリレージュ"という素晴らしいコニャックの香りを、とろけるようになめらかなアイスクリームの中に閉じ込めた。バレンタインのデザートに。

野菜のマチェドニア オリーブオイルのジェラート

オリーブオイルのアイスクリーム（→31頁）　1人分30g
野菜のマチェドニア　1人分130g
　白ワイン　200g
　グラニュー糖　50g
　レモン汁　5g
　モスカート（甘口白ワイン）　40g
　ウイキョウ　70g
　赤ピーマン　70g
　黄ピーマン　70g
　ニンジン　70g
　ナス　70g
　キュウリ　70g
　フルーツトマト　70g
　シロップ
　　グラニュー糖　1
　　水　2
セルフィユ　適量

野菜のマチェドニア

1　白ワインを火にかけてアルコールを飛ばす。グラニュー糖を溶かして、氷水にあてて冷やす。
2　冷めたらレモン汁とモスカートを加える。
3　野菜を角切りにする。シロップを沸かして、キュウリとトマト以外の野菜をゆでる。キュウリとトマト（湯むきする）は、生のまま使う。
4　③の野菜を②の中に浸して、1時間冷蔵庫に入れて、味をなじませる。

盛りつけ

1　野菜のマチェドニアを器に盛り、上にオリーブオイルのアイスクリームをのせる。セルフィユを飾る。

チョコレートのサラミとゆずのソルベ

ゆずのソルベ（→39頁）　1人分30g
チョコレートのサラミ（1本分）
　チョコレート（カカオ分55％）＊　200g
　バター　90g
　卵黄　2個分
　卵白　2個分
　グラニュー糖　40g
　クルミ　100g
　アーモンド　100個
　ヘーゼルナッツ　50g
　ラム酒（ホワイト）　25g
　ユズピール（→194頁）　50g
　パートシュクレ（→194頁）　100g

＊ヴァローナ社エクアトリアール・ノワール（フェーヴ）を使用。

チョコレートのサラミ

1　クルミ、アーモンド、ヘーゼルナッツは天板に並べ、170℃のオーブンで20分間ローストする。ビニール袋などに入れて肉叩きで叩いて、粗く砕いておく。
2　チョコレートとバターをボウルに入れて合わせ、40℃の湯で湯煎にして溶かす。
3　卵は卵黄と卵白に分ける。卵黄はリュバン状になるまで泡立てる。卵白はグラニュー糖40gを入れてツノが立つまで泡立ててメレンゲをつくる。
4　溶かした②のチョコレートに③の卵黄を入れる。次にメレンゲを2～3回に分けて、マリーズでさっくりと混ぜる。
5　砕いたナッツ類、ユズピール、パートシュクレ、ラム酒を混ぜる。
6　アルミホイルに⑤を広げて巻き、冷蔵庫で冷やし固める。

盛りつけ

1　皿の上で動かないように、細かく砕いたパートシュクレの粉（分量外）を敷いて、上にゆずのソルベを盛る。チョコレートのサラミを薄く切って添える。

チョコレートのトルタ 唐辛子のジェラート添え モディカ風

唐辛子のソルベ（→53頁）　1人分30g
チョコレートのトルタ　1人分1個
　チョコレート（カカオ分56％）＊　150g
　バター　90g
　小麦粉（00番）　60g
　グラニュー糖　15g＋30g
　ココアパウダー　35g
　卵黄　6個分
　卵白　6個分
モディカチョコレート＊＊　適量
唐辛子　少量

＊ヴァローナ社カラクを使用。
＊＊シチリア特産のチョコレート。唐辛子入り。

チョコレートのトルタ
1　刻んだチョコレートとバターをボウルに入れて合わせ、湯煎にかけて溶かす。
2　ミキサーボウルに卵黄とグラニュー糖15gを入れて、白っぽくなるまでホイッパーですり混ぜる。
3　ここに①を加えて混ぜ合わせる。
4　別に卵白とグラニュー糖30gを合わせて、ツノが立つくらいまで泡立てて、メレンゲをつくる。
5　③の中にメレンゲを入れて、さっくりと混ぜ合わせる。
6　ふるった小麦粉とココアパウダーを入れて混ぜる。
7　型にバター（分量外）をぬって、小麦粉（分量外）をふるい、⑥を1個につき40g入れて、冷蔵庫に半日おいて落ちつかせる。
8　提供時にチョコレートのトルタを焼く。200℃のオーブンに3分20秒間入れる。

盛りつけ
1　皿に温かいチョコレートのトルタを盛り、唐辛子のジェラートを添える。
2　モディカチョコレートを割って添え、唐辛子をふる。

"フロリレージュ"が香る 冷たいボンボンショコラ

チョコレートのアイスクリーム（→9頁）　1個分30g
フロリレージュのジュレ　10g
　コニャック（フロリレージュ）　100g＋50g
　粉ゼラチン　3g
チョコレート（カカオ分70％）＊　適量

＊ヴァローナ社グアナラ（フェーヴ）を使用。

フロリレージュのジュレ
1　コニャック100gを半量まで煮詰めて凝縮させる。
2　ここに生のコニャック50gを加えて香りを立てる。
3　5倍量の水で戻した粉ゼラチンを加えて溶かし、バットに流して冷やし固める。

ボンボンショコラ
1　チョコレートのアイスクリームを1個30gに取り分け、中に四角く切ったフロリレージュのジュレを埋めて、ショックフリーザーで固く凍らせる。
2　①を取り出して網の上にのせ、テンパリングしたチョコレートをかける。
3　冷凍庫に入れておく。

盛りつけ
1　ボンボンショコラを箱に入れて、フロリレージュとともに提供する。

ガトーショコラ 白トリュフの香り
フロリレージュ

白トリュフは黒トリュフに比べて香りがつきにくく、飛びやすいのだが、ホワイトチョコレートとの相性を考えてこちらを使用。ソルベが見えない状態で提供し、お客様に香りをあててもらうという趣向。スペシャリテではここにトリュフのバヴァロワを組み合わせている。

クーベルチュールのガナッシュ －196℃のチョコアイスパウダー
オルタシア

クーベルチュールのガナッシュに、油分を補ってよりなめらかにするために、オリーブ油を添えた。アイスパウダーの香りが鼻からすっと抜けてチョコレートを際立たせる。

チョコレートのブリュレ トンカ豆風味の バニラアイスクリーム添え
オルタシア

カカオ分が高めのチョコレートを使ったブリュレと、キャラメリゼしたチュイルの苦みとこうばしさを、コクのあるバニラアイスクリームが引き立てる。

レ・リボのアイスクリーム モンドールとショコラのフォンダン

フロリレージュ

2月に旬を迎えるモンドールチーズを中に入れたフォンダンショコラに、発酵バターミルク"レ・リボ"のソルベを合わせた。春を予感させる桜花塩漬けのパウダーをふる。

シンプルデザート ｜ ＋チョコレート

ガトーショコラ 白トリュフの香り

白トリュフのソルベ（→60頁） 1人分30g
チョコレートの土 1人分50g
　チョコレート（カカオ分61％）＊　162g
　バター　162g
　卵黄　75g
　薄力粉　40g
　卵白　100g
　グラニュー糖　40g
白トリュフ　1人分3〜4枚程度
オクサリス　1人分2本

＊カオカ社トロアコンチネンタルを使用。

チョコレートの土
1　刻んだチョコレートとバターをボウルに入れて、湯煎にかけて60℃に温めて溶かす。
2　卵黄を溶いて60℃に温める。これを①に加えて混ぜる。
3　薄力粉を混ぜ込む。
4　卵白にグラニュー糖を加えて、完全に泡立てて、③にさっくりと合わせる。
5　型に薄く流し、200℃のオーブンで13分間焼く。
6　ショックフリーザーで−40℃に凍らせて、ハンドミキサーにかける。
7　粗く砕いた土は、再び150℃のオーブンに入れてさくさくのサブレ状にして冷ましておく。細かく砕いた土は凍ったまま使用する。

盛りつけ
1　器の一番下に白トリュフのスライスを敷き、上に白トリュフのソルベを盛る。上から粗く砕いた土をかぶせる。
2　オクサリスを芽のように立てて、細かく砕いた凍った状態の土をまわりに散らす。

チョコレートのブリュレ トンカ豆風味のバニラアイスクリーム添え

バニラのアイスクリーム（→6頁） 1人分40g
チョコレートのブリュレ　1人分直径7.5cm×高さ1.5cmのセルクル1台分
　卵黄　30g
　グラニュー糖　40g
　生クリーム（乳脂肪分47％）　850g
　牛乳　400g
　チョコレート（カカオ分64％）＊　350g
チョコレートとアーモンドのチュイル　1人分3枚
　グラニュー糖　200g
　ハチミツ　50g
　水飴　250g
　ココナッツファイン　15g
　ココアパウダー　10g
　アーモンドダイス　250g
　バター　225g
チョコレート　1人分1枚
ピスタチオナッツ　適量

＊ヴァローナ社マンジャリを使用。

チョコレートのブリュレ
1　卵黄とグラニュー糖を合わせて、白っぽくなるまで泡立て器でよく混ぜる。
2　生クリームと牛乳を合わせて火にかけ、沸かす。①の中に入れてよく混ぜる。
3　チョコレートを刻み、②を入れて溶かす。
4　セルクルに流し、82℃のスチームコンベクションオーブンのスチームモードで35分間蒸し焼きにする。
5　取り出して冷やしておく。

チョコレートとアーモンドのチュイル
1　グラニュー糖、ハチミツ、水飴を火にかける。溶けたらバターを加える。
2　ココナッツファイン、ココアパウダー、アーモンドダイスを加えてよく混ぜる。このまま半日やすませる。
3　天板に薄くのばし、160℃のオーブンで12分間焼き、温かいうちに直径7.5cmの丸型で抜く。

盛りつけ
1　器にチョコレートのブリュレを盛り、表面をおおうようにしてチュイルを3枚のせる。
2　バニラのアイスクリームをのせて、チョコレートを飾る。みじん切りのピスタチオナッツを散らす。

クーベルチュールのガナッシュ
－196℃のチョコアイスパウダー

チョコレートのアイスパウダー（→80頁）　1人分60cc
飴ボール（→190頁）　1人分1個
ホワイトチョコレートシート　1人分1枚
ガナッシュ　1人分60g
　チョコレート（カカオ分72%）＊　340g
　牛乳　400g
　生クリーム（乳脂肪分38%）　200g
　卵黄　150g
　グラニュー糖　50g
オリーブ油　適量
クリスティアンセック（→190頁）　1人分1つまみ
チュイル（→190頁）　1枚
ピスタチオナッツ　3粒

＊ヴァローナ社アラグアンを使用。

ガナッシュ
1　チョコレートを湯煎で溶かしておく。別の鍋で牛乳と生クリームを合わせて、沸騰直前まで熱する。
2　卵黄とグラニュー糖をよく混ぜ合わせ、①の牛乳と生クリームを加えてよく混ぜ、鍋に移して火にかけてアングレーズを炊く。82℃まで上げる。
3　これを漉し、溶かしたチョコレートに加えてよく混ぜる。バーミックスにかけてよりなめらかに乳化させる。
4　容器に流し入れて冷やしておく。

盛りつけ
1　皿の上にビオラなどの花をおき、上にガラスの器（オリーブ油用のくぼみがある器）をのせる。器にオリーブ油を流す。ガナッシュをスプーンでクネルに抜いて盛る。
2　ガナッシュの上にクリスティアンセックを1つまみのせて、ピスタチオナッツを添える。三角形に切った（底辺5cm、高さ8cmの直角二等辺三角形）チュイルを飾る。
3　チョコレートのアイスパウダーを飴ボールに詰めて、ホワイトチョコレートシートで蓋をして盛る。

レ・リボのアイスクリーム
モンドールとショコラのフォンダン

レ・リボのソルベ（→56頁）　1人分50g
フォンダンショコラ　直径12cmマンケ型4台分
　A
　　モンドールチーズ　35g
　　バター　30g
　　チョコレート（カカオ分70%）＊　70g
　　グラニュー糖　40g
　卵黄　60g
　メレンゲ
　　卵白　70g
　　グラニュー糖　35g
　薄力粉　30g
　モンドールチーズ　90g
桜花パウダー　以下を適量
　桜花塩漬け　適量
プリムラの花

＊ヴァローナ社グアナラ（フェーヴ）を使用。

フォンダンショコラ
1　Aの材料をすべてボウルに入れて、湯煎にかけて溶かす。溶けたら卵黄を混ぜる。Aの温度を上げすぎると卵黄が固まってしまうので注意する。
2　メレンゲをつくる。卵白とグラニュー糖を合わせて泡立て、8分立てにする。
3　メレンゲを①に加えて混ぜる。最後にふるった薄力粉をさっくりと混ぜて、マンケ型に詰める。
4　モンドールチーズ90gを湯煎で溶かし、上から流す。このまま冷凍保存しておく。
5　提供時に冷凍庫から取り出して解凍し、180℃のオーブンで17分間焼く。
6　モンドールチーズの箱に移して提供する。1台で2人分。

桜花パウダー
1　桜花塩漬けは水にさらして、適度に塩抜きする。
2　食器用ウォーマーの中に入れてじっくりと乾かす。乾いたらミルサーで粉末にする。

盛りつけ
1　器にレ・リボのソルベを盛り、桜花パウダーを散らす。ピンクのプリムラの花を添える。フォンダンショコラを盛るスペースを空けておく。
2　箱ごとフォンダンショコラを提供し、客席で器の脇に取り分ける。

シンプルデザート
＋凝固剤
ムース

ラディッキオ・トレヴィーゾのジェラート
サングリアのジュレ バルサミコ酢を垂らして
リストランテ プリマヴェーラ

ラディッキオの苦みのあるソルベ。アニスの香りと苦みのあるサングリアのジュレ、甘いモスカートのジュレでバランスをとった。

苺のソルベット
リコッタチーズのムース添え
リストランテ プリマヴェーラ

赤と白の対比が美しい、イチゴとリコッタチーズというシンプルな素材のシンプルな組合せ。

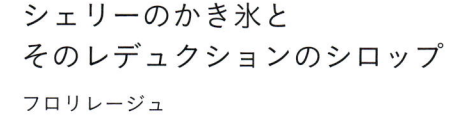

シェリーのかき氷と
そのレデュクションのシロップ
フロリレージュ

シェリーを効かせた大人のカキ氷。甘みはブドウのジュレとセックのフルーツ、塩味はナッツ類で。ペドロヒメネス種のブドウでつくった甘口シェリーのソースを添える。

ファンタスティック グレープ
フロリレージュ

巨峰をソルベ、エスプーマ、フレッシュの3通りの味で楽しむデザート。ソルベ用の巨峰のエキスは水で割って、エスプーマよりも軽い味に仕立てて、味に強弱をつけた。

シンプルデザート ＋凝固剤・ムース

ラディッキオ・トレヴィーゾのジェラート サングリアのジュレ バルサミコ酢を垂らして

ラディッキオのソルベ（→50頁）　1人分20g
サングリアのジュレ　1人分100cc
　A
　├ 白ワイン　500cc
　├ 赤ワイン　100cc
　└ スパイス各種＊
　パールアガー　2.5%
　グラニュー糖　11.5%
モスカートのジュレ　1人分100cc
　モスカートダスティ（甘口白ワイン）　750g
　パールアガー　2.5%
　グラニュー糖　11.5%
バルサミコ酢のシロップ＊＊　少量

＊シナモンスティック1/2本、八角2個、オレンジ（輪切り）1/2個分、レモンの皮1/2個分。
＊＊バルサミコ酢300ccとグラニュー糖100gを弱火で煮詰めて濃度をつける。

サングリアのジュレ
1　Aの材料すべてを鍋に入れ、火にかけてアルコールを飛ばして漉す。
2　①を計量し、指定の割合のパールアガーとグラニュー糖をよく混ぜて、①に加える。これを火にかけ、80℃まで上げてアガーを溶かしたら、容器に入れて冷やし固める。

モスカートのジュレ
1　モスカートダスティを鍋に入れて火にかけ、アルコールを飛ばす。
2　①を計量し、指定の割合のパールアガーとグラニュー糖をあらかじめ混ぜておく。①のモスカートに加えてよく混ぜる。
3　80℃まで加熱したら、漉して、容器に入れてラップフィルムをぴったりとかぶせて冷やし固める。

盛りつけ
1　冷やしたグラスに、モスカートのジュレを入れ、上にサングリアのジュレを盛る。ラディッキオのソルベをのせ、さらに適宜モスカートとサングリアのジュレ、ソルベを盛る。
2　バルサミコ酢のシロップをソルベの上に少量たらす。

シェリーのかき氷と そのレデュクションのシロップ

シェリーのかき氷（→78頁）　適量
ブドウのジュレ　1人分大さじ1
　巨峰　500g
　グラニュー糖　100g
　レモン汁　50g
　粉ゼラチン　巨峰のエキスの4%
ドライフルーツ＊　各適量
ナッツ＊＊　各適量
キャンデー（レモン味）　1人分1個
ミントの葉　適量
ペドロヒメネスのソース　以下を適量
　甘口シェリー（ペドロヒメネス）　適量

＊クランベリー、ブルーベリー、イチジクを使用。
＊＊アーモンド、カシューナッツ、ジャイアントコーンをローストして塩をふったもの。

ブドウのジュレ
1　巨峰は皮つきのまま用いる。巨峰、グラニュー糖、レモン汁を鍋に入れて、中火にかける。沸いたらアクをひきながら、煮詰まらないような火加減で30分間加熱する。
2　澄んだ巨峰のエキスをペーパータオルで漉す。
3　5倍の水で戻した粉ゼラチンを加えて溶かし、容器に注いで、冷やし固める。

ペドロヒメネスのソース
1　シェリーを鍋に入れて火にかけ、表面が鏡のようにとろりとツヤが出るまで煮詰める。

盛りつけ
1　シェリーのかき氷を盛り、ブドウのジュレを添える。
2　彩りよくドライフルーツとナッツとキャンデーを散らし、ミントの葉を飾る。別の器でペドロヒメネスのソースを添える。

苺のソルベット リコッタチーズのムース添え

苺のソルベ（→12頁）　1人分30g
リコッタチーズのムース　1人分30g
　　リコッタチーズ　300g
　　生クリーム（乳脂肪分35％）　150cc
　　グラニュー糖　45g

リコッタチーズのムース
1　リコッタチーズを目の細かいアミで裏漉しし、グラニュー糖を混ぜ合わせる。
2　6分立ての生クリームをさっくりと合わせる。

盛りつけ
1　リコッタチーズのムースを皿に盛り、その上に苺のソルベをのせる。

ファンタスティック グレープ

巨峰のソルベ（→45頁）　1人分50g
巨峰のエスプーマ　以下を適量
　　巨峰　500g
　　グラニュー糖　100g
　　レモン汁　50g
　　増粘剤　13g（上記分量の2％）
ヤウールのブランマンジェ　1人分40g
　　ヨーグルト（無糖）　250g
　　生クリーム（乳脂肪分47％）　45g
　　牛乳　100g
　　粉ゼラチン　7g
　　グラニュー糖　50g
巨峰　1人分3粒
ミントの葉　適量

巨峰のエスプーマ
1　巨峰は皮つきのまま用いる。巨峰、グラニュー糖、レモン汁を鍋に入れて、中火にかける。沸いたらアクをひきながら、煮詰まらないような火加減で30分間加熱する。
2　澄んだ巨峰のエキスをペーパータオルで漉して冷ます。
3　増粘剤を加えて、バーミックスにかけ、濃度をつけてサイフォンに入れる。

ヤウールのブランマンジェ
1　牛乳を人肌程度に温め、5倍量の水でふやかした粉ゼラチン、グラニュー糖を加えて溶かす。
2　ヨーグルトに①を加えて、バーミックスで混ぜて冷やす。
3　最後に7分立ての生クリームを混ぜる。型に流し、冷蔵庫に一晩おいて冷やし固める。

盛りつけ
1　ヤウールのブランマンジェを型からはずして器に盛り、上に巨峰のソルベを2つくり抜く。
2　皮をむいた巨峰をところどころに添える。
3　サイフォンをよくふって、巨峰のエスプーマをソルベと巨峰の実の間に丸く絞り出す。
4　ミントの葉を散らす。

マスカルポーネチーズを詰めた
苺のクレーマ
バジリコの香りとカンパリの氷をのせて

リストランテ プリマヴェーラ

苺のバヴァロワの中にマスカルポーネチーズの
ムースを入れた。バジルの香りをしのばせた牛
乳の泡がさわやか。

冷たいビチェリン

リストランテ ラ バリック

北イタリアのトリノで冬によく飲まれる暖かい
ドリンクを、夏向けのドルチェにアレンジ。エ
スプレッソジュレの苦みをきかせるために、砂
糖の一部はキャラメリゼした。

苺とアールグレーのパルフェ
ホワイトチョコレートの
ブランマンジェと
バラのジュレを添えて

パティスリー プレジール

イチゴとアールグレーはよく合う組合せ。一方
バラとイチゴも相性がよい。双方と相性のよい
イチゴをつなぎ役にしてアールグレーとバラを
合わせたデザート。

シンプルデザート ＋凝固剤・ムース

ティラミス
マスカルポーネムースと
エスプレッソのグラニタ

リストランテ ラ バリック

ティラミスを氷菓に仕立てたドルチェ。パウダーのようにはかなく溶けるグラニテ、ゼラチンでやわらかくまとめたムース、60℃で溶けるアガーを使ったジュレ。食感の違いと口溶けの時間差をつけ、最後にエスプレッソの苦みが残るようにまとめた。

シンプルデザート ＋凝固剤・ムース

マスカルポーネチーズを詰めた
苺のクレーマ
バジリコの香りとカンパリの氷をのせて

カンパリのグラニテ（→79頁）　1人分30g
苺のババロワ　1人分1個
　イチゴ　300g
　生クリーム（乳脂肪分35％）　150cc
　卵黄　2個分
　グラニュー糖　30g＋35g
　板ゼラチン　7g
マスカルポーネチーズのムース　1人分40g
　マスカルポーネチーズ　100g
　グラニュー糖　15g
　生クリーム（乳脂肪分35％）　10cc
　レモン汁　適量
バジルの泡　以下を適量
　牛乳　200cc
　バジルの葉　30g

苺のババロワ
1　卵黄とグラニュー糖30gをミキサーボウルに入れ、白っぽくなるまでホイッパーでよく撹拌する。
2　イチゴをミキサーでピュレにして温め、水で戻した板ゼラチンを溶かし入れ、①に入れて混ぜる。
3　ボウルに生クリームとグラニュー糖35gを入れて6分立てにし、②と合わせて直径6.5cm×高さ2.5cmのドーム型に流す。
4　冷蔵庫で冷やし固める。

マスカルポーネチーズのムース
1　すべての材料を泡立て器でよく混ぜ合わせる。

バジルの泡
1　牛乳にバジルの葉、茎を浸して、ラップフィルムをかけ、常温で一晩おく。
2　バジルの葉、茎を取り出し、牛乳を鍋に入れ、45℃まで温める。抹茶碗に入れ、茶筅で泡立てる。

盛りつけ
1　苺のババロワの底になる部分を、くり抜き器を使って丸くくり抜く。ここに絞り袋でマスカルポーネチーズのムースを絞って詰める。スープボウルに盛る。
2　上からカンパリのグラニテをたっぷりとのせる。
3　きめの細かいバジルの泡をのせる。

苺とアールグレーのパルフェ
ホワイトチョコレートの
ブランマンジェとバラのジュレを添えて

アールグレーのパルフェ（→67頁）　1人分80g
苺のグラニテ（→74頁）　1人分15g
ホワイトチョコレートのブランマンジェ　1人分30g
　ホワイトチョコレート　240g
　牛乳　600g
　生クリーム（乳脂肪分35％）　200g
　グラニュー糖　10g
　板ゼラチン　10g
　キルシュ酒　20g
バラのジュレ　1人分20g
　水　400g
　シロップ（ボーメ30度→74頁）　400g
　板ゼラチン　8.8g
　ローズリキュール　80g
イチゴ　1人分3個
メレンゲ（→196頁）　1人分4本
粉糖　適量

ホワイトチョコレートのブランマンジェ
1　牛乳、生クリーム、グラニュー糖を合わせて火にかけ、沸騰したら火からおろす。
2　板ゼラチンを水で戻して、①に加えて溶かす。
3　これをホワイトチョコレートに注ぎ、バーミックスにかけてなめらかにする。
4　冷めたらキルシュ酒を加え、容器に入れて冷やし固める。

バラのジュレ
1　水とシロップを合わせて火にかける。沸騰したら火からおろして、水で戻した板ゼラチンを加えて溶かす。
2　冷めたらローズリキュールを加えて、容器に流し入れて冷やし固める。

盛りつけ
1　まずホワイトチョコレートのブランマンジェをスプーンですくって盛り、その上にアールグレーのパルフェをのせる。
2　半分に切ったイチゴを散らし、バラのジュレをスプーンですくって添える。
3　上に苺のグラニテをフォークでかいて盛り、棒状のメレンゲを割って飾る。粉糖をふる。

冷たいビチェリン

バニラのアイスクリーム（→27頁）　1人分65g
エスプレッソジュレ　1人分60g
　　エスプレッソ抽出液　1200g
　　グラニュー糖　120g＋180g
　　板ゼラチン　20g
チョコレートジュレ（→195頁）　1人分70g
チョコレートムース（→195頁）　1人分30g

エスプレッソジュレと組み立て
1　分量のグラニュー糖のうち、120gを鍋に入れて火にかける。
2　香ばしくキャラメリゼしたら、エスプレッソの抽出液を注ぎ入れる。
3　残りのグラニュー糖180gを入れて溶かし、まわりに氷水をあてて40℃まで冷まし、冷水でふやかした板ゼラチンを溶かす。粗熱をとる。
4　グラスにチョコレートムースを絞り入れて、冷蔵庫で冷やし固めておく。
5　ムースが固まったらチョコレートジュレを1.5mm角に切って、中に散らす。
6　上からエスプレッソジュレを流し入れて、冷蔵庫で冷やし固める。

盛りつけ
1　提供時、バニラのアイスクリームを絞り袋に入れて、エスプレッソジュレの上から絞る。

ティラミス
マスカルポーネムースと
エスプレッソのグラニタ

エスプレッソのグラニテ（→76頁）　1人分20g
マスカルポーネのムース　1人分50g
　　全卵（L）＊　5個
　　グラニュー糖　60g＋60g
　　板ゼラチン　5g
　　マスカルポーネチーズ　250g
スポンジ（→194頁）　適量
エスプレッソジュレ　1人分20g
　　エスプレッソ抽出液　250g
　　パールアガー　8g

＊卵は卵黄と卵白に分けておく。

マスカルポーネのムース
1　常温に戻した卵黄とグラニュー糖60gをミキサーボウルに合わせて、ホイッパーでリュバン状になるまで高速で回す。卵は常温に戻しておかないと、あとで合わせるゼラチンがダマになってしまう。
2　ここにマスカルポーネチーズを入れてよく混ぜる。
3　別のミキサーで卵白とグラニュー糖60gを合わせて、ホイッパーでしっかりツノが立つまで回す。
4　板ゼラチンを冷水でふやかし、湯煎で溶かして、③に入れてよく回す。
5　②をボウルに移して、④のメレンゲ1/3量を加えて、泡立て器でよく混ぜる。残りのメレンゲは、気泡をつぶさないように2回に分けてマリーズでさっくりと混ぜる。

エスプレッソジュレ
1　エスプレッソの抽出液とパールアガーを混ぜて火にかけて沸かし、型に流してしばらくおく。60℃で固まる。

盛りつけ
1　エスプレッソジュレを型から抜いて器に盛り、スポンジをまわりに並べる。上にマスカルポーネのムースをたっぷりのせて、一面にグラニテを敷き詰める。

抹茶のスムージーとパルフェ

パティスリー プレジール

和の素材をデザートに。抹茶は苦みがあるので、甘いホワイトチョコレートのブランマンジェと組み合わせた。緑色と白色の対比も美しい。

アシェット ムース ショコラ キュイ

パティスリー プレジール

ホワイトチョコレートは甘みが強いので、焼いて生じる苦みをアクセントにした。「プレジール」のガトーと同じ構成をデザートで表現。

パイナップルのシャーベットとそのラビオリ

フロリレージュ

ひんやりと冷たいソルベは、パイナップルのラビオリのアクセント。さわやかなハーブで香りをつけている。

パンナコッタ エスティーボ

リストランテ ラ バリック

パイナップルのさまざまな味わいを一皿にまとめたデザート。シャーベット、パンナコッタ、ソースにはココナッツを加えて、味の調和をとった。

抹茶のスムージーとパルフェ

抹茶のパルフェ（→66頁）　1人分30g
抹茶のスムージー　1人分50g
　抹茶　0.2g
　氷　100g
　牛乳　120g
　シロップ（ボーメ30度→74頁）　20g
ホワイトチョコレートのブランマンジェ
　（→138頁苺とアールグレーのパルフェ）　1人分30g
粉糖　適量
抹茶　適量

抹茶のスムージー
1　よく冷やしたミキサーにすべての材料を入れて、氷を粉砕しながら、なめらかになるまで回す。

盛りつけ
1　よく冷やした器に、抹茶のスムージーを盛る。その上に、スプーンですくったホワイトチョコレートのブランマンジェをのせる。
2　抹茶のパルフェをのせ、まわりに粉糖と抹茶を茶漉しで漉してふる。

アシェット ムース ショコラ キュイ

ココナッツのパルフェ（→64頁）　1人分50g
焼ホワイトチョコレートのムース　1人分50g
　ホワイトチョコレート　684g
　グラニュー糖　54g
　水　20g
　卵黄　82g
　板ゼラチン　9g
　生クリーム（乳脂肪分35%）　1026g
焼ホワイトチョコレートのソース　以下を適量
　焼いたホワイトチョコレート　100g
　生クリーム（乳脂肪分35%）　300g
黒コショウのメレンゲ（→196頁）　適量
焼ココナッツ（→195頁）　適量
黒コショウ　適量

焼ホワイトチョコレートのムース
1　ホワイトチョコレートを天板に広げ、100℃のオーブンで50分間〜1時間焼く。フードプロセッサーでなめらかにする。
2　パータボンブをつくる。グラニュー糖と水を合わせて、116℃まで煮詰める。卵黄をミキサー（ホイッパー）で回し、沸かしたシロップを少しずつ加えて白っぽくなるまで泡立てる。
3　①のホワイトチョコレートを45〜50℃に温める。生クリームを6〜7分立てに泡立てて、マリーズで1/3をホワイトチョコレートに加える。
4　少量の生クリームを温めて、水で戻した板ゼラチンを溶かし、③に入れて混ぜる。
5　②のパータボンブを加えてマリーズで混ぜ、最後に残った生クリームを加えてさっくり混ぜる。ムースの完成。

焼ホワイトチョコレートのソース
1　ムース①と同様につくった焼チョコレートを生クリームでのばし、ソースとする。

盛りつけ
1　器は冷やしておく。まず焼ホワイトチョコレートのソースをバランスよく流す。
2　ココナッツのパルフェは直径6cmのセルクルで抜き、器に盛る。その上に焼ホワイトチョコレートのムースを丸くくり抜いてのせる。適当な大きさに割った、黒コショウのメレンゲを添える。
3　焼ココナッツを適当な大きさに割って添える。挽きたての黒コショウをふる。

パイナップルのシャーベットとそのラビオリ

パイナップルのソルベ（→44頁）　1人分35g
パイナップルのラビオリ　1人分2個
　パイナップル（スライス）　5枚
　シロップ　50g
　│グラニュー糖　1
　│水　1
　ココナッツのブランマンジェ（ラビオリ20個分）
　│牛乳　500g
　│ココナッツロング＊　50g
　│粉ゼラチン　7g
　│生クリーム（乳脂肪分47％）　100g
菜の花　適量

＊200℃のオーブンで7分間ローストしておく。

パイナップルのラビオリ
1　真空袋にパイナップルのスライスとシロップを入れて100％の真空にかける。
2　沸騰した湯に真空袋を入れて、1分間加熱し、すぐに氷水にとって冷やす。
3　ココナッツのブランマンジェをつくる。牛乳を沸かし、ローストしたココナッツロングを入れる。火からおろし、ラップフィルムをかけて1時間おく。
4　③を漉し、湯煎にかけ、水で戻した粉ゼラチンを混ぜて冷やす。濃度がついてきたら、7分立ての生クリームを加えて、容器に注ぎ、冷やし固める。
5　②のパイナップルの水気をふき、ブランマンジェをスプーンで適量すくって包む。

盛りつけ
1　器にラビオリとパイナップルのソルベを盛る。菜の花を散らす。

パンナコッタ エスティーボ

パイナップルのソルベ（→45頁）　1人分30g
パンナコッタ　1人分60g
　生クリーム（乳脂肪分47％）　375g
　牛乳　125g
　グラニュー糖　40g
　ココナッツリキュール　40g
　板ゼラチン　6g
パイナップルカスタード　1人分20g
　パイナップル（ミキサーにかける）　200g
　パイナップル（角切り）　適量
　全卵　1個
　コーンスターチ　10g
　グラニュー糖　120g
　バター　10g
　レモン汁　少量
塩キャラメルソース（→195頁）　1人分10g
パイナップルのチップ（→195頁）　1人分1枚
ミントの葉　適量

パンナコッタ
1　生クリーム、牛乳、グラニュー糖を合わせて沸騰させる。これを40℃に冷まして、水で戻した板ゼラチンを溶かす。
2　ココナッツリキュールを加え、氷水で冷やす。濃度がついたら、器に流して、冷蔵庫で冷やし固める。

パイナップルカスタード
1　パイナップルの果肉をミキサーにかける。
2　全卵とグラニュー糖を混ぜる。ここにコーンスターチを入れて混ぜ、①のパイナップルジュースを加える。
3　鍋に移して、弱火から中火にかけて、木ベラで混ぜながらカスタードクリームをつくる。
4　仕上がりにレモン汁とバターを溶かし込む。角切りのパイナップルを混ぜる。

盛りつけ
1　パンナコッタを冷蔵庫から取り出し、上に塩キャラメルソースを流す。
2　パイナップルのソルベを盛り、上にチップをのせる。パイナップルカスタードを添え、ミントの葉をあしらう。

杏仁風味のブランマンジェ
白苺のアイスクリーム
ハイビスカスのジュレ
オルタシア

杏仁のやさしい香りと合わせるために、イチゴを淡い香りに仕上げたアイスクリーム。全体をまろやかにまとめたデザート。

シャインマスカットと軽いミントの
ブランマンジェ シャンパンの
発泡ジュレとソーテルヌのグラニテと共に

パティスリー プレジール

ミント風味のブランマンジェとすりおろしたライムの香りがさわやかな、初夏のデザート。透明感のあるジュレとグラニテが美しい。

ピスタチオのプディング
ピスタチオのジェラートと
青りんごソルベ

リストランテ ラ バリック

ピスタチオのプディングとアイスクリームに、ソルベで青リンゴの香りを効果的に加えたデザート。お互いに足りない部分を補い合った組合せ。

シンプルデザート ＋凝固剤・ムース

杏仁風味のブランマンジェ
白苺のアイスクリーム
ハイビスカスのジュレ

白苺のアイスクリーム（→32頁）　1人分10g×2個
杏仁風味のブランマンジェ　1人分40g
　牛乳　200g＋50g
　グラニュー糖　30g＋50g
　杏仁粉　5g
　水　50g
　サワークリーム　25g
　板ゼラチン　5g
　生クリーム（乳脂肪分35％）　50g
　アーモンドエッセンス　適量
ハイビスカスのジュレ　1人分10g
　水　1000g
　グラニュー糖　110g
　ハチミツ　50g
　ハイビスカス＆ローズヒップティ（茶葉）　4g
　板ゼラチン　4g
　アスコルビン酸　10g
　スパイスA＊　別途記載
　スパイスB＊＊　別途記載
ハイビスカスの泡　適量
イチゴ　1人分1/2個
ピスタチオナッツ　適量

＊赤いスパイスパウダー（塩14g、黒コショウ4g、ガーリック6g、チリ40g、カイエンヌペッパー4g、ジンジャー2g、カレー粉4g、フェンネル1g、パプリカ20g、オニオン1g のブレンド）1つまみ、カルダモン20粒、黒コショウ20粒。
＊＊オレンジの皮1個分、レモンの皮1個分、黒コショウ15粒、カルダモン20粒。

杏仁風味のブランマンジェ
1　グラニュー糖30gと杏仁粉をよく混ぜておく。ここに温めた牛乳200gを加え、火にかけてマリーズでよく混ぜる。少しとろみがついたら、火からおろす。
2　水とグラニュー糖50gを合わせて沸騰させ、氷水で戻した板ゼラチンを加えて溶かす。これを①に加えてよく混ぜ、サワークリームを加えて漉して、氷水をあてて冷やす。
3　少しとろみがついたら、6分立てにした生クリーム、冷たい牛乳50gを加える。最後にアーモンドエッセンスを加えて20cm×15cmのバットに流して、冷やし固める。

ハイビスカスのジュレ
1　水、グラニュー糖、ハチミツを鍋に入れて火にかけ、沸騰させる。ここにスパイスAとハイビスカス＆ローズヒップティを入れて蓋をし、10分間おいて抽出し、漉す。
2　氷水で戻しておいた板ゼラチンを①に加えて溶かす。アスコルビン酸をよく混ぜ、スパイスBを入れてよく混ぜる。半量を密封容器などに入れて冷やし固める。

ハイビスカスの泡
1　提供時、ジュレで残した半量を氷水で冷やし、バーミックスで泡立てる。

盛りつけ
1　ブランマンジェをスプーンですくって器に盛る。上に5cm角に切ったイチゴを中央に盛り、ハイビスカスのジュレをざっくりくずして3ヵ所に盛る。
2　白苺のアイスクリームを小さめにくり抜いて2個のせる。ハイビスカスの泡をまわりに流し、みじん切りのピスタチオナッツを添える。

シャインマスカットと軽いミントの
ブランマンジェ シャンパンの
発泡ジュレとソーテルヌのグラニテと共に

ソーテルヌのグラニテ（→77頁）　1人分大さじ2
ミント風味のブランマンジェ　1人分大さじ2
　牛乳　280g
　生クリーム（乳脂肪分35%）　60g
　グラニュー糖　60g
　ミントの葉　2g
　板ゼラチン　6g
マスカット　1人分4粒
シャンパンの発泡ジュレ（砕く）　1人分大さじ2
　シャンパン　320g
　グラニュー糖　40g
　水　45g
　板ゼラチン　10g
ライムの表皮　適量
ミントの葉　適量

ミント風味のブランマンジェ
1　牛乳、生クリーム、グラニュー糖を合わせて火にかける。
2　沸騰したらミントの葉を加え、蓋をする。火を止めて10分間蒸らす。水で戻した板ゼラチンを入れて溶かし、漉す。
3　冷めたらグラスの中に大さじ2ほど流し、冷蔵庫で冷やし固める。

シャンパンの発泡ジュレ
1　グラニュー糖と水を合わせて40～50℃に温め、水で戻した板ゼラチンを入れて溶かす。
2　これをシャンパンに加えて混ぜ、冷やし固める。

盛りつけ
1　ブランマンジェの上に砕いたシャンパンの発泡ジュレをのせる。
2　グラスの縁にミントの葉をつける。
3　ソーテルヌのグラニテをフォークでかいてジュレの上にこんもりと盛る。
4　ライムの表皮のすりおろしをふる。

ピスタチオのプディング
ピスタチオのジェラートと
青りんごソルベ

ピスタチオのアイスクリーム（→35頁）　1人分30g
青りんごのソルベ（→41頁）　1人分20g
ピスタチオのプディング　1人分70g
　牛乳　450g
　生クリーム（乳脂肪分47%）　50g
　バニラスティック　少量
　全卵　4個
　グラニュー糖　60g
　ピスタチオペースト（生）　30g
ピスタチオのクロッカンテ　1人分12粒程度
　ピスタチオナッツ　100g
　グラニュー糖　130g
　水　30g
ミントの葉　適量

ピスタチオのプディング
1　牛乳、生クリーム、バニラスティックを鍋に入れて、60℃まで温める。
2　ボウルに全卵、グラニュー糖、ピスタチオペーストを入れて混ぜ、①を少しずつ加えて混ぜる。
3　器に流し、ラップフィルムをかける。85℃のスチームコンベクションオーブンのスチームモードで30分間蒸す。取り出して冷蔵庫で冷やしておく。

ピスタチオのクロッカンテ
1　ピスタチオナッツを天板に並べ、170℃のオーブンに20分間入れてローストする。
2　グラニュー糖を鍋に入れて火にかけ、120℃まで加熱する。
3　ここにピスタチオを入れて混ぜ、白く結晶させて糖衣がけをする。広げて冷ます。

盛りつけ
1　ピスタチオのプディングを冷蔵庫から取り出し、ピスタチオのアイスクリームと青りんごのソルベを盛る。
2　ピスタチオのクロッカンテを散らし、ミントの葉を飾る。

メープルのアイスクリームと杏仁プリン
オルタシア

メープルとやわらかいプリンの組合せ。黒糖のような香りと、杏仁風味がよく合う。食感のアクセントはナタデココ。

大葉のムースと大葉のソルベ
オルタシア

日本人が大好きな大葉の香りをしっかりきかせたソルベに、大葉のムースを合わせた、夏のデザート。

シンプルデザート
＋クリーム

アイスクリームの鮮やかなパレット
フロリレージュ

絵の具の空チューブに詰めた3色のアイスクリーム。白色はクレームダンジュ。色鮮やかなアイスクリームをクレームダンジュに混ぜていただく楽しいデザート。

有機人参のアイスクリーム 人参パイのミルフィユ添え
オルタシア

ニンジンのアイスクリームにカスタードクリーム、赤、黄、紫の3種のチップ──ニンジンづくしの一皿。

メープルのアイスクリームと杏仁プリン

メープルのアイスクリーム（→29頁）　1人分10g×2個
杏仁プリン　1人分35g
　　卵黄　5個分
　　グラニュー糖　50g
　　杏仁粉　18g
　　牛乳　300g
　　生クリーム（乳脂肪分47％）　200g
ナタデココ　1人分3個
黒蜜　適量
ミントの葉　適量

杏仁プリン
1　ミキサーボウルに卵黄とグラニュー糖を入れて、ホイッパーで白っぽくなるまで混ぜる。
2　牛乳と生クリームを沸かし、杏仁粉を入れて溶かす。
3　①の中に②を少しずつ加えて混ぜる。器に入れて（1個35g）、82℃のスチームコンベクションオーブンのスチームモードで40分間火を入れて、冷蔵庫で冷やしておく。

盛りつけ
1　杏仁プリンの器を取り出し、メープルのアイスクリームを小さなクネルにとって、2個盛りつける。
2　まわりにナタデココを盛り合わせ、黒蜜をかける。ミントの葉を飾る。

大葉のムースと大葉のソルベ

大葉のソルベ（→52頁）　35g
大葉のムース　1人分直径15cmセルクル1台
　　牛乳　250g
　　生クリームＡ（乳脂肪分35％）　250g
　　大葉　76g
　　卵黄　100g
　　グラニュー糖　150g
　　板ゼラチン　16g
　　生クリームＢ（乳脂肪分38％）　250g
ピストレ　以下を適量
　　チョコレート（カカオ分64％）＊　100g
　　カカオバター　100g
枝豆シロップ煮（→193頁）　1人分3粒
大葉のチュイル（→193頁）　1人分1枚

＊ヴァローナ社マンジャリを使用。

大葉のムース
1　牛乳と生クリームＡを合わせて、大葉を浸し、一晩おく。
2　ミキサーにかけてよく回し、シノワで漉す。
3　鍋に移して沸騰直前まで温める。
4　卵黄とグラニュー糖を混ぜる。③を加えてなじませ、鍋に戻して火にかけ、アングレーズを炊く。80℃まで温度を上げる。
5　もったりしてきたら、氷水で戻した板ゼラチンを加え、シノワで漉して氷水にあてて冷やす。
6　生クリームＢを8分立てにする。半量を⑤に加えてよく混ぜたら、残りの生クリームをさっくりと混ぜ合わせる。
7　28cm×20cm角のバットに流して、冷やし固める。

ピストレ
1　チョコレートとカカオバターを合わせて湯煎で溶かす。大葉のムースの表面にピストレがけをする。

盛りつけ
1　ピストレをかけた大葉のムースを直径15cmのセルクルで抜いて、器に盛る。
2　上に大葉のソルベをくり抜いてのせ、枝豆シロップ煮と大葉のチュイルを添える。

有機人参のアイスクリーム
人参パイのミルフィユ添え

人参のアイスクリーム（→33頁）　1人分30g
人参のカスタードクリーム　1人分40g
　カスタードクリーム＊（→193頁）　250g
　ニンジンのピュレ（→33頁人参のアイスクリーム）　180g
　シャンティクリーム＊＊　180g
フイユタージュ生地（→192頁ミルフイユ）　1人分1枚
人参のチュイル　1人分3枚（赤、黄、紫各1枚）
　ニンジン（赤、黄、紫）　適量
　シロップ
　　グラニュー糖　100g
　　水　200g
粉糖　適量

＊193頁のカスタードクリームのグラニュー糖を半量に減らしてつくる。
＊＊生クリーム（乳脂肪分38％）にグラニュー糖を加えて8分立てにしたもの。

人参のカスタードクリーム
1　材料をすべて混ぜ合わせる。

フイユタージュ生地
1　生地を厚さ3mmにのばし、天板にのせて160℃のオーブンで焼く。20分間たったら、層が浮き上がらないように天板などをのせて重石をし、再び同じオーブンに入れて10分間焼く。
2　12cm×3.5cm角に切り分ける。

人参のチュイル
1　各種ニンジンは、それぞれ縦に薄切りにしてバットに並べる。
2　沸かした熱いシロップを①のニンジンに注いで浸し、1時間そのままおく。
3　水気をふいて、シルパットに並べ、90℃のオーブンで5時間乾燥させる。

盛りつけ
1　フイユタージュの上に人参のカスタードクリームを絞り、チュイルをのせる。もう1段クリームを絞り、上にチュイルをのせる。
2　①を器に盛る。人参のアイスクリームを盛りつけて、1枚のチュイルを飾る。粉糖をふる。

アイスクリームの鮮やかなパレット

緑（ミントとアップルのソルベ→42頁）　1人分チューブ1本（11g）
赤（フランボワーズのソルベ→46頁）　1人分チューブ1本（11g）
黄（柑橘のソルベ→38頁）　1人分チューブ1本（11g）
白（クレームダンジュ）　1人分チューブ1本（11g）
　フロマージュブラン　75g
　クレームドゥーブル　93g
　イタリアンメレンゲ　65g
　　卵白　100g
　　グラニュー糖　150g
　　水　37.5g
　　ウォッカ　2g
　　キルシュ酒　2g
　　レモン汁　3g

クレームダンジュ
1　フロマージュブランとクレームドゥーブルを混ぜる。
2　イタリアンメレンゲをつくる。グラニュー糖と水を合わせて火にかけ、128℃まで温度を上げる。
3　ミキサー（ホイッパー）に卵白を入れて軽く泡立てる。ミキサーを回しながら②を少量ずつ加える。温度が下がるまで、回し続けてイタリアンメレンゲをつくる。
4　③のメレンゲの一部を①に入れてよく混ぜ合わせたら、残りのメレンゲを入れてさっくりと混ぜる。
5　ウォッカ、キルシュ酒を加えて軽く混ぜ、最後にレモン汁を加える。
6　ザルに入れて一晩おいて、水気をきる。

盛りつけ
1　緑、赤、黄のソルベを空の絵の具のチューブに詰める。クレームダンジュも同様に詰める。
2　充分冷やした大理石の器に、各色のソルベとクレームダンジュを盛りつけ、少量を絞っておく。

シンプルデザート ｜ ＋クリーム

桃のサバイヨン
パティスリー プレジール

モモをパルフェ、氷、ソースに使った、季節の冷たいデザート。つくりたての温かいサバイヨンソースをかけて温度の差を楽しむ。

アシェット タルトシトロン
パティスリープレジール

ガトーをデザートスタイルにアレンジ。レモンティのイメージで、酸味の強いレモンクリームと紅茶を組み合わせた。

シンプルデザート
＋生地

**ブリオッシュ コン ジェラート
金柑のジェラートをはさんで**

リストランテ プリマヴェーラ

金柑のソルベとジャムをはさんだ小ぶりのブリオッシュ。ブリオッシュが温かい状態で提供する。

ブリオッシュ コン ジェラート

リストランテ ラ バリック

シチリアでは朝食やおやつとして人気。ブリオッシュでジェラートをはさんで食べる。ここではコーヒーのアイスクリームとミルクのソルベでミルクコーヒーのような味わいに。

桃のサバイヨン

桃のパルフェ（→67頁）　1人分30g
フランボワーズのソース　1人分大さじ1
　フランボワーズ（フレッシュ）　50g
　フランボワーズのピュレ（冷凍）　50g
桃のソース　1人分30g
　モモ　1個
桃の角氷（1cm角）　1人分6粒
　モモのピュレ　100g
　グラニュー糖　10g
　レモン汁　5g
シャンパンのサバイヨン　1人分大さじ3
　卵黄（L）　1個分
　シャンパン　100g
　グラニュー糖　20g

フランボワーズのソース
1　フレッシュのフランボワーズとピュレを混ぜ合わせ、果肉をざっくりつぶす。

桃のソース
1　モモは皮をむいて種を取り、半分に切る。半分は角切りにし、残りの半分はバーミックスにかける。
2　角切りのモモとピュレ状になったモモを混ぜ合わせる。

桃の角氷
1　モモのピュレとグラニュー糖とレモン汁を混ぜ合わせて、浅いバットに流し、ショックフリーザーに入れて凍らせる。
2　提供時に、1cm角に切る。

シャンパンのサバイヨン
1　材料をすべて合わせて、湯煎にかけて混ぜる。
2　もったりするまで泡立てる。

盛りつけ
1　グラスにフランボワーズのソースを注ぎ、桃のソースを詰める。桃の角氷を入れて、スプーンでくり抜いた桃のパルフェを盛る。
2　できたての温かなサバイヨンをかけて提供する。

アシェット タルトシトロン

アールグレーのパルフェ（→67頁）　1人分50g
クレームシトロン　1人分50g
　グラニュー糖　240g
　レモン汁　160g
　レモンの表皮　1個分
　全卵　225g
　バター　300g
クランブル　1人分15g
　薄力粉　292g
　粉糖　134g
　アーモンドプードル　253g
　塩　3g
　バター　270g
　全卵　45g
粉糖、レモンの表皮　各適量
メレンゲ（→196頁）　適量

クレームシトロン
1　グラニュー糖、レモン汁、すりおろしたレモンの表皮を鍋に入れて火にかける。沸騰したら溶いた全卵を加えて、マリーズで混ぜながら炊く。
2　一煮立ちしたら、ボウルに移し、空気が入らないように、①にラップフィルムをぴったりと貼りつける。このまま35〜40℃まで冷ます。
3　ポマード状に練ったバターを②に加えて、マリーズで混ぜる。最後にバーミックスにかけてなめらかに仕上げる。

クランブル
1　薄力粉、粉糖、アーモンドプードル、塩をすべて混ぜ合わせておく。角切りのバターを入れて手ですり合わせるようにしてさらさらな状態にする。
2　溶きほぐした全卵を加えてまとめる。ラップフィルムをかけて一晩冷蔵庫でやすませる。
3　生地を2.5mmの厚さにのばし、天板に広げて、170℃のオーブンで15〜20分間焼く。冷めたら砕いておく。

盛りつけ
1　器にクランブルを敷いて、上にアールグレーのパルフェをスプーンですくってのせる。
2　クレームシトロンでおおい、粉糖をふり、バーナーで焼く。器のまわりに粉糖とすりおろしたレモンの表皮をふり、砕いたメレンゲを散らす。

ブリオッシュ コン ジェラート
金柑のジェラートをはさんで

金柑のソルベ（→39頁） 1人分20g
金柑のジャム 1人分小さじ1
　キンカン　4
　グラニュー糖　1
　水　1
ブリオッシュ　1人分1個
　小麦粉（00番）　500g
　グラニュー糖　150g
　全卵　4個
　卵黄　1個分
　生イースト　20g
　バター　150g

金柑のジャム
1　キンカンは薄切りにして、グラニュー糖と水でやわらかく煮る。

ブリオッシュ
1　ミキサーボウルに、ふるった小麦粉とグラニュー糖を入れる。ここに、常温に戻して溶きほぐした全卵と卵黄に生イーストを混ぜ合わせたものを加える。
2　20分間ほどフックでこね、一体になったら常温に戻したバターを少しずつ加えて、なじむまでこねる。
3　②の生地を1個40gに分けて成形し、型に入れる。
4　30℃のホイロで3〜4時間発酵させる。
5　少量の水でのばした卵黄（分量外）を上にぬり、160℃のベーカリーオーブンで25分間焼く。

盛りつけ
1　焼いたブリオッシュに切り目を入れて、金柑のジャムと金柑のソルベをはさむ。ブリオッシュが温かいうちに提供する。

ブリオッシュ コン ジェラート

コーヒーのアイスクリーム（→31頁）　1人分30g
ミルクのソルベ（→55頁）　1人分30g
ブリオッシュ　1人分1個
　小麦粉（00番）　500g
　ドライイースト　10g
　グラニュー糖　50g
　塩　8g
　スキムミルク　20g
　全卵　150g
　牛乳　200g
　バター　200g

ブリオッシュ
1　バター以外のすべての材料を、ミキサーボウルに入れて、フックをつけて10分間回す。
2　混ざったら常温に戻したバターを4回に分けてなじませながら回す。
3　バットに広げ、ラップフィルムをかけて、冷蔵庫で一晩やすませる。
4　取り出して、25℃の室温に60分間おいて1次発酵させる。
5　ガス抜きをして、1個70gに丸く成形し、25℃の室温に2時間おいて2次発酵させる。
6　180℃のオーブンで15分間焼く。

盛りつけ
1　ブリオッシュを横半分に切り、間にコーヒーのアイスクリームとミルクのソルベをはさむ。

パルミジャーノ・レジャーノのスフレ
バナナのジェラートとともに

リストランテ プリマヴェーラ

パルミジャーノチーズの皮を牛乳に浸してつくるスフレ生地。このチーズの塩加減が、バナナのソルベの甘さにぴったり合う。

オリーブオイルのソルベと
四角いグリーンオリーブ

フロリレージュ

オリーブの果汁でつくったソルベと、果実入りのパンペルデュの組合せ。乾燥させて砕いたオリーブの実を食感のアクセントに。

オニオンのビスキュイと
キャラメルのアイスクリーム

フロリレージュ

バター入りキャラメルのアイスクリームと、バターで飴色に炒めた玉ネギのシュクレサレ。バターの風味が双方をつなげたアイスクリームサンド。アイスクリームはとろりととろけるような仕上りに。

そば粉のクレープ 玉ねぎのジェラートを添えて
リストランテ プリマヴェーラ

玉ネギとゴルゴンゾーラの定番の組合せ。店ではコースの中で、デザートの前のチーズがわりに、こうした小さなチーズのデザートを出すこともある。

シンプルデザート｜＋生地

オリーブオイルのソルベと四角いグリーンオリーブ

オリーブオイルのソルベ（→60頁）　1人分50g
パンペルデュ（6枚分）　1人分1枚
　グリーンオリーブ（シチリア・ラロッカ社、種を抜く）　280g
　牛乳　90g
　生クリーム（乳脂肪分47%）　272g
　グラニュー糖　40g
　卵黄　8個分
　ブリオッシュ（縦6cm×横6cm×厚さ1cm）　6枚
　カソナード　適量
オリーブのポスポス　以下を適量
　グリーンオリーブ（種を抜く）　適量
　オリーブ油　適量

パンペルデュ

1. 牛乳と生クリームはグラニュー糖が溶けやすいように人肌まで温める。グラニュー糖、グリーンオリーブ、卵黄とともにミキサーにかけて、漉す。
2. ブリオッシュに箸などで9ヵ所ほど穴を開け、①を流してしみ込ませる。
3. フライパンで両面を焼いて焼き色をつけ、200℃のオーブンで5～6分間焼く。
4. 取り出して、カソナードをふり、バーナーでキャラメリゼする。

オリーブのポスポス

1. グリーンオリーブを天板に並べ、100℃のオーブンに入れて、黒くかたくなるまで乾燥させる。
2. ミルサーで粉砕する。

盛りつけ

1. オリーブオイルのソルベをスプーンでくり抜いて盛る。
2. オリーブ油をかけて、オリーブのポスポスを散らす。パンペルデュを盛り合わせる。

パルミジャーノ・レジャーノのスフレ　バナナのジェラートとともに

バナナのソルベ（→44頁）　1人分20g
バナナ　適量
スフレ生地（ココット2個分）
　スフレ生地のベース　170g（1個85g）
　　バター　100g
　　小麦粉（00番）　100g
　　パルミジャーノ・レジャーノチーズの皮　300g
　　牛乳　200cc
　　卵黄　6個分
　　全卵　2個
　　アーモンドプードル　100g
　卵白　85g
　グラニュー糖　18g

スフレ生地

1. まずスフレ生地のベースをつくる。パルミジャーノ・レジャーノの皮を1cm幅程度に切り、3日間牛乳に浸す。
2. チーズが少しやわらかくなったところで鍋に移し、軽く温めてミキサーにかける。
3. 鍋にバターとふるった小麦粉を入れ、火にかけて炒める。
4. 粉くささがなくなったら、②を加えて練り混ぜる。
5. なじんできたら火からはずし、全卵と卵黄を混ぜ込んで裏漉しする。
6. ふるったアーモンドプードルを混ぜ合わせて冷ます。
7. ⑥のスフレ生地のベースを170g取り分け、常温に戻す。
8. 卵白とグラニュー糖をしっかりとツノが立つように泡立てて、⑦にさっくりと合わせる。
9. ココット型に詰め、200℃のオーブンで約15分間焼く。

盛りつけ

1. バナナを3cmほどに切り、上にバナナのソルベを盛る。
2. あつあつのスフレとともに供する。

オニオンのビスキュイとキャラメルのアイスクリーム

キャラメルのアイスクリーム（→28頁）　1人分1個
チョコレート（カカオ分70％）＊　適量
オニオンキャラメルチップ　1人分2枚
　アーモンドプードル　20g
　薄力粉　12g
　トレハロース　30g
　卵白　43g
　塩　3g
　バター　48g
　玉ネギ（中）　2個

＊ヴァローナ社グアナラ（フェーヴ）を使用。

キャラメルのアイスクリーム
1　キャラメルのアイスクリームをバットに1cm厚さに詰める。ショックフリーザーに入れて固める。
2　直径6cmのセルクルで抜いてアミの上にのせ、テンパリングしたチョコレートをかけてコーティングする。冷凍庫で保管する。

オニオンキャラメルチップ
1　薄切りにした玉ネギをバターで炒め、塩で味をつける。キャラメル色になったら、ミキサーにかけてなめらかなピュレ状にして、裏漉しする。
2　ボウルにトレハロースと卵白を入れて、ふるっておいたアーモンドプードルと薄力粉を加えて混ぜる。
3　①を加えて、ハンドミキサーで乳化させて、一晩おく。
4　厚手の紙や下敷きなどで玉ネギ型を切り抜き（直径6cmのアイスクリームに合わせる）、天板にのせ、抜いたところに③を流して成形する。
5　型をはずし、135℃のコンベクションオーブンで15分間焼いて冷ます。

盛りつけ
1　2枚のオニオンキャラメルチップでキャラメルのアイスクリームをはさむ。

そば粉のクレープ 玉ねぎのジェラートを添えて

玉ねぎのソルベ（→50頁）　1人分30g
そば粉のクレープの生地　1枚50cc
　そば粉（全粒粉細挽き）　300g
　水　750g
　ゲランドの塩（細かい天然海塩）　5g
　シードル　30g
　オリーブ油　50g
　全卵　1個
ゴルゴンゾーラチーズ　適量
ハチミツ＊　適量

＊オレンジのハチミツ（シチリア産）とラベンダーのハチミツ（フランス産）の2種をかける。

そば粉のクレープ
1　大きめのボウルに、ふるったそば粉を入れて、ゲランドの塩を混ぜる。
2　シードルとオリーブ油を加える。分量の1/3の水を加え、香りと粘りが出るまで、手で練る。
3　溶いた全卵を加えてよく混ぜ、ダマができないよう、残りの水を少しずつ加えてのばす。
4　均一になめらかな状態になったら、冷蔵庫で8時間ほどやすませる。
5　冷蔵庫から取り出し、常温に戻し、240℃に熱したクレープパンに生地を50cc流して焼く。
6　焼き上げたら、ゴルゴンゾーラチーズを中に詰めて4つ折りにする。
7　ゴルゴンゾーラチーズを溶かすために、クレープを180℃のオーブンに2〜3分間入れて温める。

盛りつけ
1　そば粉のクレープを盛り、玉ねぎのジェラートをのせ、上から2種類のハチミツをかける。

フキノトウのジェラート 揚げ玉の食感と

リストランテ プリマヴェーラ

揚げ玉が食感のアクセントとなる。山菜の天ぷらをイメージした春のデザート。

タルト リムーザン

パティスリー プレジール

温かいタルトに冷たいパルフェを添えて。時間の経過とともにパルフェが溶けると、ソースとして楽しめる。

パパッシーニとラティニアのソルベ

リストランテ ラ バリック

サルディーニャ島のビスコッティ、パパッシーニと、甘口白ワイン、ラティニアのソルベをプティフールとして提供。

シンプルデザート
＋オイル
チーズ
飲料 etc…

牡蠣のジェラート
生牡蠣のように
リストランテ プリマヴェーラ

カキの殻に盛りつけた、サプライズのあるデザート。カキには十分加熱をして臭みを抑えた。生ガキのように、オリーブ油とレモンと塩を添えて。

冷たいもち米のリゾット
オリーブオイルの緑の香りと
リストランテ プリマヴェーラ

もち米とオリーブ油はもともと相性のよい組合せ。ソルベに加えた酒粕がほのかに香る。

フキノトウのジェラート 揚げ玉の食感と

フキノトウのソルベ（→51頁）　1人分30g
揚げ玉の生地　以下を適量
　薄力粉　150g
　コーンスターチ　50g
　塩　少量
　サラダ油　30g
　ドライイースト　3g
　水　適量

揚げ玉
1　ボウルに揚げ玉の生地の材料をすべて入れて混ぜ合わせる。
2　冷蔵庫で30分間ねかせる。
3　180℃のサラダ油に、生地を玉状にぱっと散らして揚げる。
4　取り出して油をきる。こがさないよう、真っ白に揚げること。

盛りつけ
1　冷やした皿に形よくフキノトウのソルベを盛り、上に揚げ玉を添える。

パパッシーニとラティニアのソルベ

ラティニアのソルベ（→61頁）　1人分5g
パパッシーニ　1人分1本
　小麦粉（00番）　500g
　アーモンド　250g
　グラニュー糖　150g
　ラード　200g
　サルタナレーズン　200g
　ピール　計125g
　　オレンジの皮　適量
　　レモンの皮　適量
　　シロップ　適量
　　　グラニュー糖　2
　　　水　1
　　グラニュー糖　適量
　ドライアプリコット　70g
　八角　10個
　全卵　2.5個
　牛乳　50g
　バニラエッセンス　3滴
　重曹　1g

パパッシーニ
1　アーモンドを天板に並べ、170℃のオーブンで20分間ローストし、冷ましておく。
2　ピールを用意する。オレンジの皮とレモンの皮は水から3回ゆでこぼし、浸るくらいのシロップで4時間煮る。煮詰まったら水を加えながら煮る。汁気が少なくなって泡が出てきたら、火を止めてシロップをきる。グラニュー糖をまぶして、4時間常温において乾燥させる。
3　①のアーモンドを小麦粉とともにミキサーにかけて細かく粉砕する。グラニュー糖、ラード、刻んだサルタナレーズン、ピール、アプリコット、ミルサーで粉末にした八角、溶いた全卵、牛乳、バニラエッセンス、重曹を加えて、しっかり練り合わせる、
4　一口大に成形し、天板に並べ、180℃のオーブンで30分間焼く。

盛りつけ
1　パパッシーニとティースプーンで一口大にとったラティニアのソルベを一緒にすすめる。

タルト リムーザン

タヒチ産バニラのパルフェ（→63頁） 1人分80g
タルト（直径10cm）
　パートシュクレ（→195頁） 適量
　アパレイユ 1台分 50g
　　全卵 100g
　　グラニュー糖 40g
　　薄力粉 70g
　　牛乳 100g
　　生クリーム（乳脂肪分35％） 100g
　　キルシュ酒 15g
　サワーチェリー 10粒
サクランボの赤ワインソース（1人分）
　サワーチェリー 10粒
　グラニュー糖 40g＋40g
　赤ワイン 50g
　キルシュ酒 10g
　バター 20g

タルト
1　アパレイユをつくる。全卵の中にグラニュー糖と薄力粉を入れて混ぜる。ここに牛乳、生クリーム、キルシュ酒を入れてのばす。
2　素焼きしたパートシュクレの中にサワーチェリーを並べて、アパレイユを流す。
3　160℃のオーブンで30〜35分間焼く。

サクランボの赤ワインソース
1　グラニュー糖40gに水少量を加えて火にかけ、カラメルをつくる。
2　グラニュー糖が色づいてきたら、赤ワインとキルシュ酒を加え、サワーチェリーを入れてフランベする。
3　残りのグラニュー糖40gを加えて少し煮詰め、バターでツヤとコクを出す。

盛りつけ
1　温めたタルトを盛り、上にタヒチ産バニラのパルフェをのせる。温かいサクランボの赤ワインソースをかける。

牡蠣のジェラート 生牡蠣のように

牡蠣のソルベ（→62頁） 1人分30g
オリーブ油 少量
塩（マルドン産） 少量
レモン 1切れ

1　カキの殻をきれいに洗い、冷やした皿におく。
2　殻に牡蠣のソルベを盛り、オリーブ油をかけて、上にマルドンの塩を添える。
3　くし形切りにしたレモンを添える。

冷たいもち米のリゾット オリーブオイルの緑の香りと

もち米のソルベ（→53頁） 1人分30g
オリーブ油 少量
フルールドセル 少量

1　冷やした器に、香りのよいオリーブ油を少量注ぎ、ソルベを盛る。
2　ソルベの上に食感のある塩をのせる。

白いトマトのソルベ

オルタシア

トマトをオリーブ油と塩で食べるような、デザート。口直しにも、アミューズにも向く。

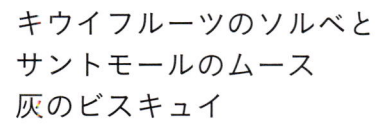

キウイフルーツのソルベとサントモールのムース 灰のビスキュイ

フロリレージュ

灰をまぶした外皮が特徴のシェーブルチーズ"サント＝モール"から発想を得たデザート。自家製シェーブルは、シェーブルとフロマージュブランを混ぜたもので代用できる。

濃茶のソルベの
アフォガート仕立て
オルタシア

苦みの強い濃茶を使った、大人のデザート。濃茶は苦みとコクが際立つものを選びたい。

フルムダンベールの
アイスクリーム
フロリレージュ

まるでチーズそのもののようなアイスクリームケーキ風のデザート。上に貼ったチーズのシートの塩味とアイスクリームの甘みが好相性。

シンプルデザート ＋オイル・チーズ・飲料・etc…

白いトマトのソルベ

白いトマトのソルベ（→47頁）　1人分15g
オリーブ油　適量
フルールドセル　少量

盛りつけ
1　スプーンの上にオリーブ油を少量流し、白いトマトのソルベを丸くくり抜いて盛る。
2　上にフルールドセルを添える。

キウイフルーツのソルベと サントモールのムース　灰のビスキュイ

キウイフルーツのソルベ（→43頁）　1人分50g
自家製シェーブルチーズ　1人分65g
　山羊乳　500g
　牛乳　100g
　レンネット＊　13g
　ハチミツ　10g
灰のビスキュイ　以下を適量
　卵白　75g
　トレハロース　35g
　グラニュー糖　10g
　食用灰　5g
　薄力粉　15g
　フルールドセル　適量
キウイフルーツ　適量
ベルベーヌの葉　適量

＊チーズを固めるための酵素のこと。

自家製シェーブルチーズ
1　山羊乳、牛乳、レンネット、ハチミツを鍋に入れて火にかけて、60℃以下で温める。
2　固まりはじめたら、火からおろして30分間放置する。
3　次第に固まって分離してくる。多少水分がチーズに残っている状態でペーパータオルに取り、水分をきる。

灰のビスキュイ
1　卵白、トレハロース、グラニュー糖をボウルに合わせて、泡立て器で完全に泡立てる。
2　食用灰、薄力粉を加えて混ぜる。
3　オーブンシートの上に4〜5mmの厚さにのばし、上からフルールドセルをふる。
4　100℃のオーブンで90分間焼く。焼き上がったら、一部をフードプロセッサーで回して粉末状にしておく。

盛りつけ
1　自家製シェーブルチーズとキウイフルーツのソルベを盛り合わせる。
2　砕いた灰のビスキュイ、薄切りのキウイフルーツを添え、粉末のビスキュイをふって、ベルベーヌの葉を散らす。

フルムダンベールのアイスクリーム

チーズのアイスクリーム（→30頁）　1人分80g
チーズシート
　　フルムダンベール　適量
サブレ生地　以下を適量
　　バター　325g
　　粉糖　140g
　　薄力粉　375g
　　全卵　50g
　　塩　3g

チーズシート
1　フルムダンベールを薄く切り取って、オーブンペーパーではさむ。
2　肉叩きで叩いて、シートのようにさらに薄くのばす。

サブレ生地
1　バター、粉糖、薄力粉をフードプロセッサーにかけて混ぜる。
2　全卵と塩を混ぜたものを少量ずつ①の中に加えて混ぜ、ひとまとめにし、冷蔵庫に一晩おく。
3　オーブンシートの上に薄くのばして、天板にのせ、180℃のオーブンで20分間焼く。
4　焼き上がったら叩いて細かく砕く。

成形と盛りつけ
1　チーズのアイスクリームをバーミックスにかけて練る。
2　サブレ生地をバットの下に敷いて、チーズのアイスクリームを詰める。冷凍庫に入れて保存。
3　オーダーが入ったら1人分を切り分けて、上にチーズシートを貼りつける。なお、アイスクリームを流し込んだ段階で、上にチーズシートを貼ってもよい。

濃茶のソルベのアフォガート仕立て

濃茶のソルベ（→54頁）　1人分30g
濃茶
　　抹茶　10g
　　湯　100g

濃茶
1　抹茶に湯を注ぎ、よく混ぜて溶かす。

盛りつけ
1　濃茶のソルベを器に盛って提供し、客席で温かい濃茶をかける。

葉にんにくのジェラートの
アフォガート

リストランテ プリマヴェーラ

葉にんにくのアイスクリームは、濃縮したエスプレッソの甘みによく合う。香りをやわらげるために、泡立てた牛乳を添える。

トローネのセミフレッド
カフェビアンコのソース

リストランテ ラ バリック

ピエモンテの名物ドリンク「カフェビアンコ」をソースにアレンジし、甘くてねっとりとしたセミフレッドに、コーヒーの苦みを添えた。

ラムネアイスクリーム

フロリレージュ

カラフルなラムネとともに駄菓子風の容器に入れた楽しい演出。ドライアイスで冷たさを表現した。口直しやミニャルディーズにも使えるヨーグルトベース。

愛媛岩城島産せとかのソルベ シャラン産鴨胸肉の カルパッチョとともに

オルタシア

オレンジと鴨の相性のよさをベースに考えたデザート。セトカの甘さと酸味が鴨のソースがわりとなる。

シンプルデザート ｜ ＋オイル・チーズ・飲料・etc…

葉にんにくのジェラートのアフォガート

葉にんにくのアイスクリーム（→34頁）　1人分35g
エスプレッソ　以下を適量
　　エスプレッソ抽出液　2250cc
　　カソナード　250g
　　グラニュー糖　250g
牛乳　適量

エスプレッソ
1　カソナードとグラニュー糖を鍋に入れて火にかけ、キャラメリゼする。
2　エスプレッソ抽出液を少量ずつ加えて、1/3まで煮詰める。

盛りつけ
1　エスプレッソを器に流し入れ、葉にんにくのアイスクリームを盛る。
2　エスプレッソマシンのスチーマーで温めた牛乳を添える。

トローネのセミフレッド カフェビアンコのソース

トローネのセミフレッド（→71頁）　1人分50g
カフェビアンコのソース　以下を適量
　　牛乳　80g＋40g
　　生クリーム（乳脂肪分47％）　150g
　　コーヒー豆（ホール）　15g（大さじ2）
　　コーンスターチ　2g

カフェビアンコのソース
1　牛乳80gと生クリームを合わせて火にかける。沸騰したらコーヒー豆を入れて蓋をし、一晩冷蔵庫に入れて香りを移す。
2　コーンスターチを40gの冷たい牛乳に混ぜる。
3　①を冷蔵庫から取り出し、②を加えて火にかける。
4　とろみがついたら漉して冷ましておく。

盛りつけ
1　トローネのセミフレッドを切り分けて盛り、カフェビアンコのソースを添える。

ラムネアイスクリーム

ラムネのソルベ（→57頁）　1人分2〜3個

1　ラムネのソルベをバットに1cm厚さに詰め、冷凍庫で固める。
2　直径3cmの丸い抜き型で抜いて、フィルムで包んで冷凍庫で保管する。
3　ガラス容器にドライアイスを入れ、ラムネと包んだラムネのソルベを入れて提供する。

愛媛岩城島産せとかのソルベ
シャラン産鴨胸肉のカルパッチョとともに

せとかのソルベ（→38頁）　1人分15g
鴨の燻製　1人分5切れ
　鴨胸肉　1枚
　ザラメ糖　50g
　桜のチップ　25g
　グラニュー糖、塩　各適量
ハーブサラダ（→192頁）　適量
ゴルゴンゾーラのクリーム
　ゴルゴンゾーラチーズ（ピカンテ）　50g
　生クリーム（乳脂肪分38％）　30g
フランボワーズのヴィンコット　少量
ピスタチオナッツ　適量

鴨の燻製
1　鍋にアルミホイルを敷いて、桜のチップ、そのまわりにザラメ糖を入れて火にかける。ザラメ糖が溶けて煙が出てきたらチップをバーナーであぶる。
2　皮目を下に向けた鴨胸肉をアミの上にのせて、蓋をする。弱火で6分間燻し、取り出して冷蔵庫で冷ます。
3　グラニュー糖と塩をふり、フライパンで皮目を弱火で焼く。
4　120℃のオーブンに3分間入れたのち、60℃のオーブンに90分間入れて冷まし、スライスする。

ゴルゴンゾーラのクリーム
1　ゴルゴンゾーラチーズを裏漉しし、生クリームを少しずつ加えて、マリーズで混ぜる。

盛りつけ
1　鴨の燻製を盛り、上にゴルゴンゾーラのクリームを口金で絞る。その上にピスタチオナッツを飾る。
2　せとかのソルベをのせて、ハーブサラダを盛る。フランボワーズのヴィンコットをたらし、みじん切りのピスタチオナッツを散らす。

シンプルデザート
パフェ
複数の味の調和

アブリューム イヴェール
パティスリー プレジール
（料理解説180頁）

オレンジのリキュール、コアントローのパルフェに、同じ柑橘系のフルーツ数種類を合わせた、フルーティな香りとフレッシュ感の高い軽快なパフェ。

リエジョワーズ
パティスリー プレジール
（料理解説181頁）

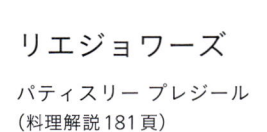

ベルギーのリエージュという街の名物で、本来は夏のドリンクメニュー。これをパフェにアレンジ。たっぷりのシャンティクリームを添えて、グラニテできりっと締める。

プルミエ

パティスリー プレジール
（料理解説181頁）

ラム酒を強くきかせたラムレーズンのパルフェを加えて大人向きのパフェに。ミントの葉をたっぷり混ぜ込んで焼き上げたメレンゲを添えて。

カシュカシュポワール

パティスリー プレジール
（料理解説182頁）

洋梨のル・レクチェとメープルとくるみのパルフェの組合せ。細かく砕いたキャラメルチップとメレンゲが食感のアクセントとなった、軽い仕上り。

シンプルデザート｜パフェ・複数の味の調和

プランタニエ

パティスリー プレジール
（料理解説182頁）

イチゴの赤とピスタチオのグリーンを淡いトーンでまとめた。ほのかな日本酒の香りがする春らしい一品。

クープ フォレ ノワール

パティスリー プレジール
（料理解説184頁）

キルシュのパルフェにムース、サブレ、ソースなど形を変えてチョコレートを組み合わせた。キルシュをしっかりときかせることがポイント。

ドゥーブルマロン

パティスリー プレジール
（料理解説183頁）

クリとクリを引き立てるコニャックの組合せ。ヘーゼルナッツのカリッとした食感とアプリコットの酸味がアクセントに。秋のパフェ。

シンプルデザート｜パフェ・複数の味の調和

クーベルチュールでコーティングした和栗のモンブラン メレンゲのアイス添え

オルタシア（料理解説185頁）

香ばしいメレンゲのソルベと、モンブランクリーム、チョコレートでコーティングした和栗の渋皮煮で構成した、デザートの「モンブラン」。

ホワイトチョコレートのタルト仕立て −196℃のホワイトチョコアイスパウダー

オルタシア（料理解説186頁）

甘くなりがちなホワイトチョコレートはアイスパウダーにすることで甘さよりも、ミルキーな香りを際立たせた。

マスカルポーネとエスプレッソのティラミス風 －196℃のエスプレッソアイスパウダー

オルタシア（料理解説187頁）

エスプレッソのアイスパウダーにコーヒーの味を合わせたデザート。ブリュレ、ジュレ、チュイル、グラニテをすべてコーヒー味で表現、ティラミスの構成要素を再構築した。

シンプルデザート｜パフェ・複数の味の調和

桃のソルベとフルーツの冷製グラタン仕立て ココナッツ風味

オルタシア（料理解説188頁）

モモの繊細な香りと甘みに、ココナッツミルクの甘みのトーンを合わせたデザート。フルーツの酸味がアクセント。

シンプルデザート｜パフェ・複数の味の調和

フォアグラのポワレと紅玉のタルトタタン 青りんごのソルベと共に

オルタシア（料理解説189頁）

デザートとして実際に提供している一品。ソルベの酸味がフォワグラの油脂分とタタンの甘さを切ってくれる。前菜としてもよいだろう。

シンプルデザート｜パフェ・複数の味の調和

アブリューム イヴェール

（グラスの下から）
柑橘のメランジェ
 ミカン　1人分4房
 イヨカン　1人分2房
 金柑のコンポート　1人分2粒
  キンカン　20粒
  水　300g
  グラニュー糖　150g
ノワゼットのクレームブリュレ　1人分1個
 牛乳　325g
 生クリーム（乳脂肪分35％）　325g
 卵黄　8個
 グラニュー糖　90g
 プラリネ（ノワゼット）　90g
コアントローのパルフェ（→69頁）　1人分60g
ミカンの香りのブランマンジェ　1人分大さじ4
 牛乳　600g
 生クリーム（乳脂肪分35％）　100g
 グラニュー糖　130g
 ミカンの表皮（すりおろし）　3個分
 板ゼラチン　8.8g
ハチミツ入りミカンのジュレ　以下を適量
 ハチミツ　20g
 ミカンの果汁と表皮のすりおろし　2個分
 グラニュー糖　60g
 板ゼラチン　5.8g
メレンゲ（→196頁）　1人分3片
グロゼイユ　1人分3〜4粒

柑橘のメランジェ
1　ミカンとイヨカンは房に分けて薄皮をむく。
2　金柑のコンポートをつくる。キンカンを半分に切り、ヘタと種を取り除く。水とグラニュー糖を合わせてシロップをつくり、ここにキンカンを入れて沸かす。沸騰したら弱火で15分間煮て、そのまま冷ます。
3　人数分の①と②を取り分けて混ぜる。

ノワゼットのクレームブリュレ
1　牛乳と生クリームを合わせて、沸騰直前まで温める。
2　卵黄とグラニュー糖をよく混ぜ合わせて、①を加える。
3　プラリネの中に②を少量入れてよく混ぜ、これを②の中に戻す。
4　漉してフレキシパン（ドーム型）に30gずつ流して、130℃のオーブンで30分間焼く。

ミカンの香りのブランマンジェ
1　板ゼラチン以外の材料を合わせて火にかけ、沸騰させる。
2　火からおろし、水で戻した板ゼラチンを加えて溶かし、容器に流して冷やし固める。

ハチミツ入りミカンのジュレ
1　板ゼラチン以外の材料を合わせて火にかけ、沸騰させる。
2　火からおろし、水で戻した板ゼラチンを加えて溶かし、容器に流して冷やし固める。

盛りつけ
1　グラスに柑橘のメランジェを半分程度入れる。その上にノワゼットのクレームブリュレをのせる。
2　その上にコアントローのパルフェをスプーンですくって盛る。ミカンの香りのブランマンジェをスプーンですくってパルフェの上に盛り、ハチミツ入りミカンのジュレで和えた残りの柑橘のメランジェを添える。
3　適当な形に割ったメレンゲ（板状に焼いたもの）、グロゼイユを飾る。

リエジョワーズ

（グラスの下から）
シャンティイクリーム（→197頁） 1人分30g
チョコレートのパルフェ（→64頁） 1人分80g
キャラメルソース（→197頁） 適量
コーヒーのグラニテ（→76頁） 1人分30g
飴 1人分4片
　グラニュー糖　500g
　バター　150g
チョコレート（カカオ分55％） 1人分3片
チョコレートサブレ（→184頁） 1人分3片

飴
1　バターをポマード状に練り、この中にグラニュー糖を加えてよく混ぜる。
2　シルパットの上に薄くのばし、170℃のオーブンで10分間加熱する。
3　取り出して冷まし、適当な大きさに割って使う。

チョコレート
1　チョコレートを細かく刻み、湯煎で温めてテンパリングする。
2　薄くのばして固め、適当な大きさに割って使う。

盛りつけ
1　グラスにシャンティイクリームを詰める。その上にチョコレートのパルフェをスプーンなどでくり抜いて詰める。
2　キャラメルソースを入れる。
3　その上に、フォークでかいたコーヒーのグラニテを詰め、シャンティイクリームをたっぷりのせる。
4　割った飴とチョコレート、チョコレートサブレを飾る。

プルミエ

（グラスの下から）
巨峰とカシスのコンポート（→75頁巨峰のグラニテ）
　1人分巨峰5粒、カシス10粒
ハイビスカスのジュレ　1人分大さじ3
　ハイビスカス（ドライ）　3g
　水　200g
　グラニュー糖　20g
　パールアガー　5.4g
ラムレーズンのパルフェ（→68頁） 1人分80g
ミントのメレンゲ（→197頁） 1人分5cm3本
シャンティイクリーム（→197頁） 適量
巨峰のグラニテ（→75頁） 1人分大さじ1
巨峰　1人分3粒
ミントの葉　適量

ハイビスカスのジュレ
1　水を沸騰させて、ハイビスカスを入れて火を止め、蓋をして10分間蒸らす。
2　グラニュー糖とパールアガーをよく混ぜておく。
3　①を漉して、再沸騰させて、②を加える。溶けたら火からおろし、容器に流して固める。

盛りつけ
1　器の一番下に、巨峰とカシスのコンポートの半量を入れる。
2　その上に、半量のハイビスカスのジュレを盛る。
3　ラムレーズンのパルフェをスプーンですくって盛り、さらに残りのコンポートを詰める。
4　その上にハイビスカスのジュレをのせ、ホイップクリームを絞る。一番上にフレッシュの巨峰（皮をむく）、5cmに割ったミントのメレンゲ、巨峰のグラニテを飾って、ミントの葉を添える。

カシュカシュポワール

(グラスの下から)
洋ナシ（角切り）　1人分1/6個
キャラメルソース（→197頁）　適量
メープルとキャラメリゼしたくるみのパルフェ（→66頁）
　1人分80g
メレンゲ（→196頁）　1人分1枚
クルミのカリカリ　以下を適量
　クルミ（生）　100g
　グラニュー糖　50g
キャラメルチップ（市販）　適量
オードヴィー入りクリーム
　カスタードクリーム（→197頁）　60g
　生クリーム（乳脂肪分40％）　40g
　オードヴィー（洋ナシ）　5g
粉糖　適量
洋ナシのマカロン（解説省略）　1人分1個

クルミのカリカリ
1　鍋の中にグラニュー糖と水少量を入れて110℃まで煮詰める。刻んだクルミを加え、弱火で10〜15分間煮る。火を止めて混ぜ続けると、砂糖が白く糖化する。
2　再び火にかけて、糖化した砂糖を溶かし、キャラメリゼしてクルミにからめる。広げて冷ます。

オードヴィー入りクリーム
1　カスタードクリーム、完全に泡立てた生クリーム、洋ナシのオードヴィーをすべてよく混ぜる。

盛りつけ
1　フレッシュの洋ナシをグラスの一番下に入れる。その上からキャラメルソースを流す。
2　メープルとキャラメリゼしたくるみのパルフェを盛り、フレッシュの洋ナシを散らす。
3　キャラメルソースをかけ、直径5cmの丸形に焼いたメレンゲをのせる。
4　その上にクルミのカリカリとキャラメルチップを散らす。
5　オードヴィー入りクリームを詰めて、カードなどを使って平らにする。
6　粉糖を茶漉しでたっぷりふり、バーナーでこがす。冷めたら上に一回り小さい円形の型紙をおいて、再び粉糖をふる。洋ナシのマカロンを添える。

プランタニエ

(グラスの下から)
イチゴ　1人分4粒
イチゴのコンフィチュール　以下を適量
　イチゴ　500g
　グラニュー糖　500g
　ナパージュ（透明）　125g
　レモン汁　20g
キルシュ入りピスタチオのパルフェ（→15頁）　1人分80g
アーモンドのチュイル　以下を適量
　アーモンドスライス　120g
　粉糖　120g
　薄力粉　12g
　卵白　60g
　全卵　45g
メレンゲ（→196頁）　適量
日本酒入りクリーム
　カスタードクリーム（→197頁）　60g
　生クリーム（乳脂肪分35％）　40g
　日本酒（八海山）　10g
粉糖　適量

イチゴのコンフィチュール
1　イチゴ、グラニュー糖を合わせて火にかける。一煮立ちしたらバーミックスにかける。
2　ボーメ55度に上がるまで炊く。ナパージュとレモン汁を入れる。

アーモンドのチュイル
1　ボウルの中にアーモンドスライス、粉糖、薄力粉を入れて混ぜる。
2　卵白と全卵を混ぜ合わせて、①に加えて混ぜる。
3　天板に薄くのばし、175℃のオーブンで15分間焼く。

日本酒入りクリーム
1　カスタードクリームに8分立てにした生クリームを加え、日本酒で風味をつける。

盛りつけ
1　イチゴを1/4に切り、イチゴのコンフィチュールで和える。この半量をグラスの一番下に入れる。
2　その上に、キルシュ入りピスタチオのパルフェを詰める。
3　上に残りの①を盛り、砕いたアーモンドのチュイルとメレンゲを散らす。
4　日本酒入りクリームを縁まで詰め、カードなどを使って平らにする。たっぷり粉糖をふり、バーナーでこがす。

ドゥーブルマロン

(グラスの下から)
マロンクリーム　1人分大さじ2
　クリのコンポート　100g
　　クリ*　1kg
　　水　1000g
　　グラニュー糖　500g
　　バニラスティック　1本
　コンポートのシロップ　50g
　生クリーム（乳脂肪分35%）　50g
　バニラの種　適量
メレンゲ（→196頁）　1人分1枚
アプリコットのソース　1人分8個（1cm角）
　アプリコットのピュレ（冷凍）　80g
　パッションフルーツのピュレ（冷凍）　20g
ヘーゼルナッツのカリカリ　以下を適量
　ヘーゼルナッツ　100g
　グラニュー糖　50g
コニャックのパルフェ（→69頁）　1人分80g
和栗のモンブランクリーム　1人分30g
　クリのペースト　1kg
　グラニュー糖　100g
　生クリーム（乳脂肪分35%）　380g
ヘーゼルナッツのメレンゲ（→196頁）　1人分10cm4本
シャンティイクリーム（→197頁）　適量
クリのコンポート　1人分2個
カソナード　適量

*渋皮までむいたもの。フランス産。

マロンクリーム
1. クリのコンポートをつくる。材料をすべて合わせて火にかける。沸騰したら弱火にして、クリがやわらかくなるまで30〜40分間煮て、冷ましておく。
2. コンポート100g、シロップ50g、生クリーム、バニラの種を合わせて、バーミックスで粉砕してクリームをつくる。

アプリコットのソース
1. アプリコットとパッションフルーツのピュレを混ぜ合わせ、冷やし固める。1cm角のキューブに切る。

ヘーゼルナッツのカリカリ
1. 鍋の中にグラニュー糖と水少量を入れて110℃まで煮詰める。刻んだヘーゼルナッツを加え、弱火で10〜15分間煮る。火を止めて混ぜ続けると、砂糖が白く糖化する。
2. 再び火にかけて、糖化した砂糖を溶かし、キャラメリゼしてヘーゼルナッツにからめる。広げて冷ます。

和栗のモンブランクリーム
1. クリのペーストにグラニュー糖を混ぜ、生クリームを少しずつ加えてマリーズで混ぜる。

クリのコンポート
1. クリのコンポートにカソナードをふって、バーナーでキャラメリゼする。

盛りつけ
1. グラスにマロンクリームを大さじ2程度入れる。その上に直径5cmに丸く焼いたメレンゲをのせる。
2. その上に、キューブに切ったアプリコットのソースとヘーゼルナッツのカリカリを散らす。
3. コニャックのパルフェをスプーンですくって盛り、その上に和栗のモンブランクリームをモンブラン用の口金で絞り出す。
4. 一番上に10cmに折ったヘーゼルナッツのメレンゲ、シャンティイクリームを絞り、キャラメリゼしたクリのコンポートを飾る。

クープ フォレ ノワール

（グラスの下から）
チョコレートクリーム　1人分大さじ2
　　生クリーム（乳脂肪分40％）　120g
　　チョコレート（カカオ分64％）＊　40g
チョコレートサブレ　1人分10g
　　無塩バター　100g
　　粉糖　100g
　　アーモンドプードル　100g
　　薄力粉　80g
　　ココアパウダー　20g
キルシュのパルフェ（→70頁）　1人分20g
シャンティクリーム（→197頁）　1人分大さじ1
ココアパウダー　適量
キルシュ漬けのグリオット　適量
チョコレート（カカオ分55％）のコポー＊＊　適量
チョコレートソース　以下を適量
　　グリオットのピュレ（冷凍）　50g
　　シロップ（ボーメ30度→74頁）　25g
　　チョコレート（カカオ分64％）＊　適量
　　キルシュ酒　10g

＊ヴァローナ社マンジャリを使用。
＊＊スプーンなどで削り取って、カーブをつけたもの。ヴァローナ社エクアトリアール・ノワールを使用。

チョコレートクリーム
1　生クリームを沸騰させて、細かく刻んだチョコレートをこの中に入れる。
2　火にかけて混ぜる。均一に混ざったらでき上がり。

チョコレートサブレ
1　すべてをミキサーボウルに入れ、ビーターで混ぜる。
2　そぼろ状にして、ベーキングシートを敷いた天板に広げる。
3　170℃に熱したオーブンで15分間焼く。

チョコレートソース
1　グリオットのピュレとシロップを合わせて沸騰させる。
2　刻んだチョコレートをボウルに入れて、①を加える。キルシュ酒を混ぜて仕上げる。

盛りつけ
1　チョコレートクリームをグラスの一番下に入れる。その上にチョコレートサブレを散らす。
2　サブレの上にキルシュのパルフェを盛る。グラスのまわりに半分に切ったキルシュ漬けのグリオットを貼りつける。
3　シャンティクリームを平らに詰め、ココアパウダーを茶漉しでふるう。
4　シャンティクリームを小さなクネルに抜いてのせ、チョコレートのコポー、キルシュ漬けのグリオットを盛りつける。
5　ソーサーにのせ、チョコレートソースを添える。ソーサーの上にココアパウダーとチョコレートのコポーを散らす。

クーベルチュールでコーティングした和栗のモンブラン メレンゲのアイス添え

メレンゲのソルベ（→62頁）　1人分25g
メレンゲ（→190頁）　1人分3個（直径1cm×2、直径1.5cm×1）
マロンクリーム（→191頁）　適量
チョコレートボール　1人分1個
　チョコドーム　1人分2個
　│チョコレート（カカオ分58％）＊　100g
　│乳化剤（マイクリオ）　1g
　マロンクリーム（→191頁）　1人分10g×2
　チョコレートコーティングしたクリ　1人分1個
　│チョコレート（カカオ分58％）＊　100g
　│クリの渋皮煮（市販）　10個
　生クリーム（乳脂肪分47％）　25g×2
モンブランクリーム（→191頁）　以下を適量
　マロンクリーム（→191頁）　100g
　生クリーム（乳脂肪分47％）　100g
クリの渋皮煮（3mm角）　適量
キャラメルソース　以下を適量
　グラニュー糖　110g
　水飴　30g
　生クリームA（乳脂肪分38％）　150g
　バター　80g
　パートドマロン　全体量の1％
　生クリームB（乳脂肪分47％）　全体量の1％
チョコラムソース、フランボワーズソース（解説省略）　適量
フランボワーズのドライ（解説省略）　適量
グロゼイユ　1人分4粒
粉糖　適量

＊カレボー社エキストラダークを使用。

チョコレートボール
1　チョコドームをつくる。チョコレートを湯煎で溶かし、乳化剤を混ぜる。
2　チョコレートが30℃くらいに冷めたら、半球型のシルパットに薄く流して、そのまま冷まして固める。
3　チョコレートコーティングしたクリをつくる。クリの渋皮煮は2/3の大きさに切っておく。チョコレートを湯煎にかけて溶かし、渋皮煮を浸して取り出し、表面をチョコレートコーティングする。そのまま冷まして固める。
4　生クリームは6分立てにする。
5　2個のドームの中にマロンクリームを10gずつ入れ、④の生クリームを絞り入れる。片方のドームに③を詰める。2個のドームを合わせてボールをつくる。

モンブランクリーム
1　マロンクリームをなめらかに練って、6分立ての生クリームを混ぜる。
2　モンブラン用口金をつけた絞り袋の中に詰める。

キャラメルソース
1　グラニュー糖と水飴を鍋に入れて火にかける。
2　生クリームAとバターを別の鍋に入れて温めて、バターを溶かす。
3　①が茶色く色づいたら、②を少しずつ加える。
4　これを漉してボウルに移し、氷水をあてて冷やす。
5　冷めたら全体量の1％のパートドマロンと生クリームBを加えてよく混ぜる。

盛りつけ
1　キャラメルソースを軽く温めておく。
2　皿の縁にチョコラムソースとフランボワーズソースを交互に、小さいドットに絞る。
3　3mm角に切った渋皮煮の上にチョコレートボールをのせる。ボールの両側にメレンゲ2個をおいて、モンブランクリームを上に絞る。上にフランボワーズのドライを散らす。
4　皿にマロンクリームを絞り、上にメレンゲ1個をおく。メレンゲのソルベをスプーンでクネルに抜いてのせる。グロゼイユを4粒飾る。
5　①のキャラメルソースを皿に流し、粉糖と粉末状のメレンゲをふる。

ホワイトチョコレートのタルト仕立て
－196℃のホワイトチョコアイスパウダー

ホワイトチョコのアイスパウダー（→21頁）　1人分60cc
飴ボール（→190頁）　1人分1個
ホワイトチョコボール　1人分1個
　ホワイトチョコドーム　1人分2匝
　　ホワイトチョコレート　100g
　　乳化剤（マイクリオ）　1g
　ホワイトチョコムース　1人分40g
　　ホワイトチョコレート　180g
　　牛乳　160g
　　卵黄　60g
　　板ゼラチン　5g
　　生クリーム（乳脂肪分35%）　250g
　ポルト酒ブリュレ　1人分1個
　　牛乳　160g
　　生クリーム（乳脂肪分35%）　90g
　　バニラスティック　1/4本
　　卵黄　60g
　　グラニュー糖　50g
　　白ポルト酒　40g
　　フランボワーズ　適量
　フィヤンティーヌショコラ（→191頁）　適量
　フランボワーズペパン（→191頁）　適量
　ホワイトチョコピストレ（→191頁）　適量
クリスティアンセック（→190頁）　適量
グラハムキャラメリゼ（→191頁）　適量
ピスタチオナッツ　適量
ホワイトチョコレートシート　適量
チョコソース、バニラソース（解説省略）　各適量
フランボワーズ、グロゼイユ、ミントの葉　各適量
フランボワーズドライのパウダー（解説省略）　適量

ホワイトチョコドーム
1　ホワイトチョコレートを湯煎で溶かし、乳化剤を溶かす。
2　29℃に下がったら直径3.5cmの半球型のシルパットに薄く流して冷やし固める。

ホワイトチョコムース
1　ホワイトチョコレートを湯煎で溶かす。
2　卵黄を泡立て器で撹拌し、白っぽくなったら、沸かした牛乳を入れる。
3　鍋に移して火にかけてアングレーズを炊く。ここに冷水で戻した板ゼラチンを加えて溶かして漉す。①にアングレーズを少しずつ加えて混ぜる。
4　氷水にあてて冷やしたら、8分立てにした生クリームを合わせる。

5　容器に入れて冷やし固める。

ポルト酒ブリュレ
1　牛乳と生クリームとバニラスティックを鍋に入れて火にかけ、温める。
2　卵黄とグラニュー糖を白っぽくなるまで混ぜ合わせ、①を加えて混ぜる。白ポルト酒を入れて漉し、アクを取り除く。
3　直径3.5cmの半球型のシルパットに、フランボワーズ1個と②を注ぎ、100℃のスチームコンベクションオーブンのスチームモードで3〜5分間火を入れる。取り出して冷やす。

ホワイトチョコボールの組み立て
1　1つのドームにフランボワーズペパンを少量絞る。ホワイトチョコムースを8分目まで絞り、ポルト酒ブリュレを入れる。
2　もう1つのドームにはホワイトチョコムースを半分まで絞り、フィヤンティーヌショコラを入れ、ペパンを絞る。まわりをホワイトチョコムースで埋める。
3　2つのドームを合わせて、ホワイトチョコピストレをかける。

盛りつけ
1　皿の中心に直径7.5cmのタルトリングをおき、バニラソースを流し、クリスティアンセック、グラハムキャラメリゼ、ピスタチオナッツを1対1対0.5の割で混ぜ合わせて詰めてリングをはずす。上に同じ大きさに抜いたホワイトチョコレートシートをのせる。
2　組み立てたホワイトチョコボールと、アイスパウダーを詰めてチョコレートシートで蓋をした飴ボールを盛り、ホワイトチョコレートを添える。それぞれホワイトチョコムースを少量絞った上に盛って、安定させる。
3　まわりに、各種ソース、ベリー類、ミントの葉を飾る。ピスタチオナッツのみじん切りとフランボワーズパウダーを散らす。

マスカルポーネとエスプレッソのティラミス風
－196℃のエスプレッソアイスパウダー

エスプレッソのアイスパウダー（→80頁）　1個分60cc
飴ボール（→190頁）　1人分1個
ホワイトチョコレートシート　1人分1枚
エスプレッソのグラニテ（→77頁）　1人分20g
コーヒーブリュレ　1人分1切れ
　エスプレッソ粉　10g
　牛乳　100g
　生クリーム（乳脂肪分47％）　300g
　バニラエッセンス　4g
　全卵　3個
　卵黄　3個分
　エスプレッソ抽出液　150g
　グラニュー糖　100g
　板ゼラチン　全体量の2.5％
コーヒージュレ　1人分4個
　エスプレッソ抽出液　150g
　グラニュー糖　15g
　シナモンパウダー　0.5g
　パールアガー　7g
コーヒーチュイル　1人分1個
　カソナード、グラニュー糖　各100g
　オレンジ果汁　100g
　バター　100g
　薄力粉、アーモンドプードル　各100g
　エスプレッソ粉　10g
マスカルポーネクリーム　1人分35g
　マスカルポーネチーズ　250g
　生クリーム（乳脂肪分47％）　156g＋156g
　バニラスティック　1～2本
　板ゼラチン　8g
　卵黄　4個分
　グラニュー糖　75g
アマレットソース（→190頁）　1人分7g
粉糖、エスプレッソ粉　各適量

コーヒーブリュレ

1　牛乳と生クリームを沸かし、エスプレッソ粉を入れて、色と香りを抽出して漉しておく。
2　グラニュー糖と全卵と卵黄をよく混ぜて、バニラエッセンスを加える。①を加えて混ぜる。ここにエスプレッソの抽出液を加えてよく混ぜて漉し、アクをとってバットに流す。
3　100℃のコンベクションオーブンのスチームモードで約10分間加熱する。
4　全体重量の2.5％の板ゼラチンを水で戻して、③と合わせてミキサーにかける。再びバットに流して、冷やし固める。2cm×2.5cm角に切っておく。

コーヒージュレ

1　グラニュー糖にシナモンパウダーとパールアガーを混ぜ合わせておく。エスプレッソにこれを加えて火にかける。
2　よく混ぜて80℃になったら火からおろし、直径3cmの半球状のシルパットに注いで、冷やし固める。

コーヒーチュイル

1　バターをポマード状にしてミキサーボウルに入れ、グラニュー糖とカソナードを入れて、白っぽくなるまでビーターで回す。オレンジ果汁を少しずつ加える。
2　薄力粉とアーモンドプードルを合わせてふるったものを①に半量加えてよく混ぜてから、残りを加えてさっくり混ぜる。エスプレッソ粉を入れて混ぜ、まとめてラップフィルムをかけて冷蔵庫で冷やす。
3　クッキングシートを3cm×18cm角に切り、この上に②を薄くのばす。160～170℃のオーブンで8～10分間焼く。熱いうちに直径4.5cmのセルクルに巻いて筒状にする。

マスカルポーネクリーム

1　マスカルポーネチーズはやわらかくしておく。生クリーム156gとバニラスティックから取り出したバニラの種を加えて混ぜて火にかけ、沸騰させる。
2　卵黄とグラニュー糖を白っぽくなるまですり混ぜる。
3　①と②を混ぜ合わせて鍋に移し、火にかけて炊く。
4　一旦かたくなったのち、ゆるんできたら火からおろし、水で戻した板ゼラチンを溶かして漉す。
5　氷水にあてて冷凍庫に入れて冷やす。
6　固まったら裏漉しして、8分立てにした生クリーム156gを加えて混ぜる。

盛りつけ

1　少し深さのある器にアマレットソースを流す。センターにコーヒーチュイルをおく。
2　チュイルの中にマスカルポーネクリームを絞り、ジュレ1個、ブリュレ1切れを詰める。上からマスカルポーネクリームを絞って埋める。チュイルのまわりに、エスプレッソのグラニテを盛る。
3　エスプレッソのアイスパウダーを飴ボールの中に詰めて、ホワイトチョコレートシートで蓋をする。マスカルポーネクリームの上にのせる。
4　皿のまわりにジュレを配し、粉糖とエスプレッソ粉をふるう。

桃のソルベとフルーツの冷製グラタン仕立て ココナッツ風味

桃のソルベ（→40頁） 1人分45g
ココナッツのブランマンジェ 1人分2切れ
 牛乳 800g
 グラニュー糖 200g
 ココナッツファイン 200g
 板ゼラチン 24g
 生クリーム（乳脂肪分38％） 800g
 ココナッツリキュール＊ 60g
各種フルーツ（大きめの角切り）＊＊ 1人分各1切れ
サバイヨン 1人分10g
 卵黄 2個分
 グラニュー糖 12g
 生クリーム（乳脂肪分35％） 30g
 ココナッツファイン 10g
 モモのリキュール キャップ3
チュイル（→190頁） 1人分1枚
ミントの葉 適量
エディブルフラワー（ビオラ） 適量

＊マリブを使用。
＊＊イチゴ、メロン、キウイフルーツ、パイナップル、バナナ、オレンジを使用。それぞれ1.5cm角くらいに切っておく。

ココナッツのブランマンジェ

1 牛乳とグラニュー糖を鍋に入れて火にかけ、沸騰直前で火を止める。ココナッツファインを入れて蓋をして、一晩冷蔵庫に入れて香りなどを移す。
2 翌日、①を漉して少量取り分けて温め、冷水で戻した板ゼラチンを加えて溶かし、①に戻してよく混ぜる。
3 生クリームをミキサーボウルに入れてホイッパーで8分立てにする。②に生クリームを半分加えてよく混ぜる。混ざったら残りの生クリームをさっくりと混ぜて、最後にココナッツリキュールを加える。
4 幅3.5cm、長さ35cm、高さ3cmのトヨ型に流し、冷やし固める。

サバイヨン

1 卵黄とグラニュー糖を、よく混ぜ合わせる。
2 湯煎にかけて、白っぽくもったりするまで、泡立て器でよく泡立てる。
3 泡立て器の跡が残るくらいしっかりと泡立ったら、氷水にあてて、9分立ての生クリームを合わせる。
4 最後にココナッツファインとモモのリキュールを加える。

盛りつけ

1 ココナッツのブランマンジェは1.5cm幅に切り分ける。これを2切れ器に盛る。
2 上に桃のソルベをスプーンでクネルに抜いてのせる。まわりにフルーツを盛り、サバイヨンをかけて、バーナーで焼き目をつける。
3 冷蔵庫で最低3分間は冷やしてから取り出して、チュイルとミントの葉とエディブルフラワーを飾る。

フォアグラのポワレと紅玉のタルトタタン 青りんごのソルベと共に

青りんごのソルベ（→41頁） 1人分30g
フォアグラのポワレ 1人分1切れ
　フォワグラ 35g
　塩、コショウ、強力粉 各適量
タルトタタン（30人分） 1人分1切れ
　紅玉 10個
　グラニュー糖 紅玉の重量の20％＋100g
　バター 20g
　ミルフイユ（→192頁） 適量
　飴（→191頁②） ＊ 適量
シナモンチュイル（→192頁） 1人分1枚
リンゴのソース（→192頁） 適量
シードル 適量
リンゴのチップ＊＊ 1人分2枚
ピマンデスプレッド 少量

＊粉末状の飴を8cm×2.5cm角の型に詰めて、160℃のオーブンで1分間加熱して冷ます。
＊＊薄切りのリンゴを天板に並べ、100℃のオーブンで乾かす。

フォアグラのポワレ
1　フォワグラは35gに切り、塩、コショウをふり、強力粉をまぶして、フライパンでポワレし、そのまま200℃のオーブンに1～2.5分間入れる。

タルトタタン
1　紅玉は1/4のくし形に切って皮をむく。
2　鍋に紅玉の20％のグラニュー糖を入れて火にかけ、カラメルをつくり、①の紅玉を入れてからめる。
3　上からグラニュー糖100gと細かく切ったバターを散らして蓋をし、140℃のコンベクションオーブンで約2時間焼く。
4　8cm×2.5cm角の型にミルフイユを切って詰め、③を30g詰めて平らにする。
5　④の上に飴をのせて、サラマンダーで溶かす。

盛りつけ
1　皿にピマンデスプレッドを真っ直ぐに散らし、型をはずしたタルトタタンを盛り、上にシナモンチュイルとフォアグラのポワレをのせる。
2　薄切りのリンゴ（分量外）を敷いて青りんごのソルベを盛り、リンゴのチップを飾る。赤と白のリンゴのソース、煮詰めたシードルを添える。

シンプルデザートの構成パーツ

本文中で解説できなかったパーツの材料、分量、つくり方を別途収載する。

オルタシア

●飴ボール
(クーベルチュールのガナッシュ －196℃のチョコアイスパウダー／マスカルポーネとエスプレッソのティラミス風、他)

グラニュー糖　125g
粉末グルコース＊　125g
イソマルト＊　25g
水　62g

＊ともに湿気を防ぐための添加物。イソマルトは、飴細工用の砂糖なので、190℃くらいまで温度を上げてもキャラメル状になりづらく、湿気を防ぎやすい。

1　すべての材料を鍋に入れて火にかけ、62℃まで温度を上げる。
2　シルパットの上にあけて、練り上げてまとめる。
3　適量を取り、ポンプでふくらませる。
4　温めておいたハサミで切る。
5　温めておいたくり抜き器でアイスパウダーを入れる穴を開ける。保存は乾燥剤を入れた密閉容器で。

●アマレットソース
(マスカルポーネとエスプレッソのティラミス風)

アマレット酒　150g
グラニュー糖　45g
エスプレッソ抽出液　45g
くず粉　適量
水　適量

1　アマレット酒とグラニュー糖とエスプレッソ抽出液を合わせて沸騰させてアルコールを飛ばす。
2　水で溶いたくず粉を加えてとろみをつける。漉して氷水にあてて冷やす。

●クリスティアンセック
(彩り果実のタルト仕立て ヨーグルトのソルベ ハーブ風味／クーベルチュールのガナッシュ －196℃のチョコアイスパウダー)

バター　100g
カソナード　100g
ヘーゼルナッツ　67g
アーモンドスライス　117g

1　バターをポマード状に練っておく。
2　ヘーゼルナッツとアーモンドスライスを天板に広げ、160℃のオーブンに入れて薄いキツネ色になるくらいローストする。ヘーゼルナッツは10～15分間、アーモンドスライスは15～18分間が目安。ヘーゼルナッツはフードプロセッサーで7mm角程度に砕く。
3　ケンミックス（ミキサーの一種）のボウルに①のバターとカソナードを入れてビーターで白っぽくなるまで回す。ここに②のアーモンドとヘーゼルナッツを加えて形がなくなるまでよく混ぜる。
4　クッキングシートの上にあけ、麺棒で厚さ5mmにのばして、冷蔵庫に入れて冷やし固める。
5　160℃のオーブンで約10分間焼く。うっすらとキツネ色になればよい。冷めたら5mm角にカットする。

●チュイル
(クーベルチュールのガナッシュ －196℃のチョコアイスパウダー／桃のソルベとフルーツの冷製グラタン仕立て)

全卵　50g
卵白　30g
グラニュー糖　200g
薄力粉　60g
バター　30g
アーモンドスライス　180g
ココナッツファイン　20g

1　全卵と卵白をボウルに入れて混ぜ、グラニュー糖を加えて、軽く白っぽくなるまで混ぜる。
2　ふるっておいた薄力粉を加え、溶かしバターを加えてよく混ぜる。
3　アーモンドスライス、ココナッツファインを混ぜて、冷蔵庫で約半日冷やしておく。
4　クッキングシートの上に厚さ3mm程度にのばす。
5　160℃のオーブンで10～12分間焼く。粗熱がとれたら、温かいうちに、カットする。

●メレンゲ
(クーベルチュールでコーティングした和栗のモンブラン メレンゲのアイス添え)

卵白　250g
グラニュー糖　27g
A
　粉糖　188g
　グラニュー糖　113g
B
　アーモンドプードル　75g
　粉糖　75g

1　Aを鍋に入れて火にかけ、117℃まで煮詰める。
2　卵白とグラニュー糖をミキサーボウルに入れてホイッパーで泡立て、①を入れてさらに回す。
3　Bを合わせてふるい、②に混ぜる。
4　天板に直径1cmと直径1.5cmの丸形に絞り、110℃のオーブンで2時間ほど（中心がキャラメル色になるまで）焼く。

●マロンクリーム
(クーベルチュールでコーティングした和栗のモンブラン メレンゲのアイス添え)

バター　200g
マロンペースト　500g
牛乳　50g
ラム酒（ダーク）　30g
イタリアンメレンゲ　以下を75g
　グラニュー糖　116g
　水　少量
　卵白　67g
　粉糖　25g

1. バターをポマード状に練る。マロンペーストとともにフードプロセッサーにかける。牛乳、ラム酒を加えてさらに混ぜる。
2. イタリアンメレンゲをつくる。グラニュー糖と水を火にかけ、117℃まで煮詰める。卵白を泡立てて粉糖を混ぜる。先のシロップを少しずつ加えて冷めるまで回す。
3. ①をミキサーボウルに移し、ホイッパーでイタリアンメレンゲと混ぜ合わせる。

●モンブランクリーム
(クーベルチュールでコーティングした和栗のモンブラン メレンゲのアイス添え)

マロンクリーム（→191頁）　100g
生クリーム（乳脂肪分47%）　100g

1. マロンクリームをなめらかに練って、6分立ての生クリームを混ぜる。
2. モンブラン用口金をつけた絞り袋の中に詰めて絞る。

●グラハムキャラメリゼ
(彩り果実のタルト仕立て ヨーグルトのソルベ ハーブ風味)

グラハムクラッカー　50g
バター　20g
カソナード　12g

1. グラハムクラッカーを3mm角に切る。
2. フライパンにバターを溶かし、①を入れて、バターを全体になじませる。カソナードをふり入れて、よくからめる。
3. 弱火にしてゆっくりキャラメリゼする。バットにあけて冷ます。

●飴
(彩り果実のタルト仕立て ヨーグルトのソルベ ハーブ風味／フォアグラのポワレと紅玉のタルトタタン 青りんごのソルベと共に)

フォンダン　150g
水飴　150g
バター　112g

1. フォンダンと水飴を鍋に入れて火にかけ、160℃まで煮詰める。細かく切ったバターを入れてよく混ぜ、乳化させる。
2. シルパットにあける。冷めたらフードプロセッサーにかけて粉末状にする。
3. 直径9cmの丸型の上に②をまんべんなくふるう。タルトタタン用は8cm×2.5cm角の型を使う。
4. 160℃のオーブンに約3分間入れて、飴を溶かす。クッキングシートに移して冷ます。

●フィヤンティーヌショコラ
(ホワイトチョコレートのタルト仕立て －196℃のホワイトチョコアイスパウダー)

ヘーゼルナッツペースト　60g
チョコレート（カカオ分40%）*　40g
フィヤンティーヌ　50g

*ヴァローナ社ジヴァララクテを使用。

1. ヘーゼルナッツペーストとチョコレートを合わせて湯煎にかけて溶かす。
2. 溶けたらフィヤンティーヌを入れて軽く混ぜる。全体にチョコレートがなじんだら、クッキングシートにあけて、厚さ2〜3mmにのばす。冷やし固めて抜き型（チョコドームに入るくらいの大きさ）で抜く。

●フランボワーズペパン
(ホワイトチョコレートのタルト仕立て －196℃のホワイトチョコアイスパウダー)

フランボワーズ　300g
レモン汁　1/4個分
水飴　72g
グラニュー糖　180g
クエン酸　0.6g

1. フランボワーズ、レモン汁、水飴を鍋に入れて火にかける。半量のグラニュー糖を入れてよく混ぜる。
2. 残りのグラニュー糖とクエン酸をよく混ぜて、①に加え、煮詰める。ブリックス度66%になったら、ボウルに移し、氷水をあてて冷やす。

●ホワイトチョコピストレ
(ホワイトチョコレートのタルト仕立て －196℃のホワイトチョコアイスパウダー)

ホワイトチョコレート　300g
カカオバター　135g

1. 湯煎でホワイトチョコレートとカカオバターを溶かす。
2. 漉してピストレに入れて用いる。

● ミルフイユ
（フォアグラのポワレと紅玉のタルトタタン 青りんごのソルベと共に）

フイユタージュ生地
 デトランプ
  強力粉　300g
  薄力粉　200g
  バター　25g
  グラニュー糖　25g
  塩　13g
  冷水　180g
  全卵　1個
 折込用バター　450g
ダマンド*　適量

*バター100gをポマード状に練ってミキサーボウルに入れ、粉糖80gを加えて白っぽくなるまでホイッパーで回す。全卵54g、卵黄10gを混ぜ、少しずつ加える。サワークリーム10g、バニラエッセンス1g、スキムミルク4g、ふるったヘーゼルナッツプードル120gを入れて混ぜる。

1　フイユタージュ生地をつくる。まずデトランプから。小麦粉をふるい、細かく切ったバターを入れて混ぜる。そのほかの材料をすべて混ぜ合わせてまとめる。十字の切込みを入れて冷蔵庫で1時間ほどねかせる。
2　折込用バターをデトランプで包んで麺棒でのばす。3つに折って冷蔵庫でねかせたのち、麺棒でのばす。この3つ折りを4回くり返す。フイユタージュ生地の完成。
3　生地を厚さ3mmにのばして、170℃のオーブンで15～20分間焼く。層が浮かないよう、天板で重石をして5分間焼き、落ち着いたら取り出して上にダマンドを薄く塗って160℃のオーブンで10分間焼く。

● シナモンチュイル
（フォアグラのポワレと紅玉のタルトタタン 青りんごのソルベと共に）

ロイヤルティーヌ　200g
アーモンドプードル　100g
グラニュー糖　200g
シナモンパウダー　3g

1　ロイヤルティーヌとアーモンドプードルはフードプロセッサーにかけて細かくする。
2　グラニュー糖を火にかけ、キャラメルをつくる。ここに①とシナモンパウダーを入れてよく混ぜる。
3　シルパットに広げて冷ます。これをフードプロセッサーにかけて、砂のような状態にする。
4　天板に薄く広げて、160℃のオーブンで、3～4分間焼く。
5　取り出して麺棒で平らにのばす。8cm×2.5cm角に切る。

● リンゴのソース
（フォアグラのポワレと紅玉のタルトタタン 青りんごのソルベと共に）

リンゴ（薄切り）　600g
リンゴ果汁　60g
リンゴの皮　80g
バター　20g
ピマンデスプレッド　少量

1　鍋にバターを溶かし、リンゴを入れて蓋をして蒸し煮にする。しんなりしたらリンゴ果汁と皮を入れてさらに煮る。最後は蓋をとって水分を飛ばすように煮る。
2　フードプロセッサーにかけてピュレにする。赤のソースは皮を入れたまま、ピマンデスプレッドを加えてフードプロセッサーにかける。白のソースは皮を取り除いて回す。酸味が足りなければシードルヴィネガーを加える。

● ハーブサラダ
（愛媛岩城島産せとかのソルベ シャラン産鴨胸肉のカルパッチョとともに）

ハーブ*　適量
ドレッシング　以下を適量
 煮詰めた赤ワイン　100g
 酢　15cc
 エシャロット（みじん切り）　40g
 クルミ油　10g
 塩、コショウ　各適量

*セルフィユ、ディル、ミント、イタリアンパセリ、シブレット。

1　ハーブを適量ずつ混ぜて、ドレッシングで和える。

● パイナップルのチュイル
（さまざまなフルーツのミネストローネ風）

パイナップルのピュレ（→111頁）　100g
水　5g
ペクチン　2g
グラニュー糖　10g

1　パイナップルのピュレ、水を合わせて火にかける。
2　ペクチンとグラニュー糖をあらかじめよく混ぜておき、①の中に入れる。沸いたら火からおろして冷ます。
3　シルパットに薄くのばして、100℃のオーブンで50分間焼く。取り出して冷ましておく。

● 水をきったヨーグルト
（ライチのエスプーマ 練乳のソルベとパイナップル）

ヨーグルト　450g

1　ザルに大きいガーゼを敷いて、450gのヨーグルトをあける。
2　上からガーゼで包み、ラップフィルムをかけて8時間おいて水きりをする。なおこの際、抜けた水がザルの上のヨーグルトに浸からないように工夫する。240gになればよい。
3　水分が抜けすぎたときは、抜いた水を戻すので、水はとっておく。

● カスタードクリーム
（彩り果実のタルト仕立て ヨーグルトのソルベ ハーブ風味）

牛乳　500g
卵黄　6個分
グラニュー糖　139g
強力粉　30g
コーンスターチ　10g
アーモンドプードル　10g

1　卵黄とグラニュー糖を泡立て器で白っぽくなるまでよく混ぜる。
2　強力粉、コーンスターチ、アーモンドプードルを合わせてふるい、①に入れて混ぜる。
3　鍋に移し、沸かした牛乳を加えて、中火で炊く。もったりしてきたら、弱火にして10分間ほど炊く。最初の半分くらいの量になったら火からおろす。

● 枝豆シロップ煮
（大葉のムースと大葉のソルベ）

シロップ
　グラニュー糖　50g
　水　120g
大葉　5g
枝豆、塩　各適量

1　シロップを冷まして大葉をつける。

2　枝豆は塩ゆでし、氷水にとって、殻と薄皮をむく。
3　①につけて、一晩おく。

● 大葉のチュイル
（大葉のムースと大葉のソルベ）

大葉　20～25枚
シロップ
　グラニュー糖　90g
　水　100g

1　シロップを冷まし、大葉を浸す。
2　大葉のシロップをきって、天板に広げ、160℃のオーブンで2～3分間焼く。熱いうちにクッキングシートに移して冷ます。

● リオレ
（アップルマンゴーの冷製リゾット仕立て マンゴーティのアイスクリーム添え）

もち米（一晩浸水したもの）　100g
牛乳　400g
バニラスティック　1/2本
グラニュー糖　15g
レモンの表皮　1/4個分
板ゼラチン　4g
アングレーズ（→7頁）　20g
キルシュ酒　5g
生クリーム（乳脂肪分38％）　20g

1　もち米の水気をきり、鍋に入れる。バニラスティックと浸すくらいの牛乳を入れて火にかける。牛乳が少なくなってきたら、残りの牛乳を少しずつ加えながら炊いていく。
2　芯が少し残るくらいになったら、グラニュー糖とすりおろしたレモンの表皮を入れて、牛乳がなくなるまで煮る。
3　アングレーズを加え、水で戻した板ゼラチンを入れて溶かす。キルシュ酒を加え、8分立ての生クリームを合わせる。

リストランテ
プリマヴェーラ

● パンナコッタ
（小松菜のズッパとカルダモンの香りのパンナコッタ 蜂蜜のジェラートをのせて）

生クリーム（乳脂肪分35％）　1リットル
グラニュー糖　75g
卵黄　3個分
板ゼラチン　8g
カルダモン　8粒

1　生クリーム、グラニュー糖、カルダモンを鍋に入れ、火にかける。温度が85℃まで上がったら、水で戻した板ゼラチンを加えて溶かす。
2　ここに溶いた卵黄を加えて、なめらかさとコクを加える。
3　氷水にあてて冷やし、目の細かいアミで漉す。
4　直径6cm×高さ5.5cmのプリン型に流し（1個60g）、冷やし固める。

リストランテ
ラ バリック

●ユズピール
（チョコレートのサラミとゆずのソルベ）

ユズの皮　4個分（100g）
シロップ　適量
　グラニュー糖　2
　水　1
グラニュー糖　適量

1　ユズの皮を水から3回ゆでこぼし、浸るくらいのシロップで4時間煮る。足りなくなったら水を足しながら煮る。
2　汁気が少なくなって泡が出てきたら火を止めてシロップをきる。グラニュー糖をまぶし、4時間常温において乾燥させる。3mmの小角切りにする。

●パートシュクレ
（チョコレートのサラミとゆずのソルベ）

バター　600g
粉糖　300g
卵黄　7個分（140g）
薄力粉　800g

1　バターと粉糖を混ぜて卵黄を加える。薄力粉をざっくりと混ぜてまとめる。
2　冷蔵庫で一晩ねかせて、翌日オーブンシートの上に薄くのばして、180℃のオーブンで20～30分間焼く。

●オレンジのソース
（チョコレートのカンノーリ仕立て オレンジソース）

オレンジ　1個
グラニュー糖　100g
水　適量
オレンジ果汁　適量

1　オレンジは丸のまま水から3回ゆでこぼす。鍋に戻し、グラニュー糖とオレンジがかぶるくらいの水を注いで4時間煮る（シロップが200gになるまで）。
2　オレンジとシロップを別にして冷ます。冷めたらオレンジとシロップをミキサーにかけてソースとする。濃すぎる場合は、オレンジ果汁を加えて調整する。

●リンゴのチップ
（りんごのスープとシナモンジェラート）

紅玉　適量
シロップ　適量
　グラニュー糖　1
　水　2
チョコレート（カカオ分55%）＊　適量

＊ヴァローナ社エクアトリアール・ノワール（フェーヴ）を使用。

1　紅玉をスライサーで縦に薄く切り、冷たいシロップに2時間ほどつける。
2　天板に重ならないように並べ、100℃に熱したオーブンに入れて乾燥させる。
3　チョコレートをテンパリングし、コルネで種を絞り、リンゴのチップにのせる。

●クリの渋皮煮
（栗のスープにリコッタチーズムース アカシア蜂蜜ジェラート）

クリ（鬼殻をむいた正味）　1kg
グラニュー糖　400g
ハチミツ（アカシア）　100g
バニラスティック　1/2本
ブランデー　適量
重曹　大さじ12

1　クリと重曹大さじ3をたっぷりの水に浸して一昼夜おく。
2　水を捨て、新しい水と重曹大さじ3を入れてクリを10分間煮る。この間アクをこまめにすくう。これを3回くり返す。
3　クリはくずさないように注意して水で洗って掃除する。
4　鍋にクリ、グラニュー糖、ハチミツ、バニラスティック、ブランデーを入れて中火にかける。沸騰したら弱火で30分間煮て、火を止めてそのまま冷ます。

●スポンジ
（ティラミス マスカルポーネムースとエスプレッソのグラニタ）

（27cm×35cmの角型1台分）

全卵（L）　8個
グラニュー糖　250g
バニラエッセンス　3滴
薄力粉　250g
バター　100g

1　ミキサーボウルに全卵、グラニュー糖、バニラエッセンスを入れて、ホイッパーでリュバン状になるまで高速で回す。
2　ボウルに移し、薄力粉をマリーズでさっくり混ぜる。
3　ここに湯煎で溶かしたバターを少しずつ加えて混ぜる。

4 型に③の生地を流し入れ、180℃に熱したオーブンで30分間焼く。
5 食感に変化をもたせるために、スポンジをダイスに切って、100℃のオーブンでカリッと乾燥させる。

◉塩キャラメルソース
（パンナコッタ エスティーボ）

グラニュー糖　75g
生クリーム（乳脂肪分47％）　100g
ココナッツピュレ（冷凍）　200g
塩　1つまみ
バター　50g

1 グラニュー糖を鍋に入れて火にかけ、キツネ色になるまで加熱する。
2 色づいたら生クリームとココナッツピュレを加えて、キャラメリゼを止める。
3 塩を加え、バターを混ぜ込んで冷ます。

◉パイナップルのチップ
（パンナコッタ エスティーボ）

パイナップル（スライス）　適量
シロップ　適量
　グラニュー糖　2
　水　1

1 冷たいシロップに、スライスしたパイナップルを1時間つける。
2 天板に広げ、90℃のオーブンに1時間入れて乾燥させる。

◉チョコレートジュレ
（冷たいビチェリン）

チョコレート（カカオ分66％）＊　200g

牛乳　1リットル
グラニュー糖　80g
パールアガー　30g

＊ヴァローナ社カライブ（フェーブ）を使用。

1 チョコレート、牛乳、グラニュー糖を鍋に入れて火にかける。沸騰したら火を止めて、パールアガーを入れて溶かす。
2 バットに流し入れる。常温で固まるが、冷蔵庫で冷やしておく。

◉チョコレートムース
（冷たいビチェリン）

チョコレート（カカオ分66％）＊　260g
卵黄　1個分
生クリーム（乳脂肪分47％）　115g
ヘーゼルナッツリキュール　30g
卵白　150g
グラニュー糖　40g

＊ヴァローナ社カライブ（フェーブ）を使用。

1 卵黄、生クリーム、ヘーゼルナッツリキュールをボウルに入れて混ぜ合わせる。
2 チョコレートを湯煎にかけて60℃に温めて溶かす。これを①に加えて混ぜる。
3 卵白とグラニュー糖をミキサーボウルに入れて、ホイッパーでしっかりツノが立つまで、高速で回す。
4 ②をボウルに移して、③のメレンゲ1/3量を加えて、泡立て器でよく混ぜる。残りのメレンゲは、気泡をつぶさないように2回に分けてマリーズでさっくりと混ぜる。

パティスリー プレジール

◉焼ニコナッツ
（アシェット ムース ショコラ キュイ）

ココナッツ（シュレッド）　100g
シロップ（ボーメ30度→74頁）　10g
粉糖　0g

1 材料をすべてよく混ぜる。
2 シルパットの上に薄く広げて、170℃のオーブンで10〜15分間焼く。

◉パートシュクレ
（タルトリムーザン）

粉糖　120g
バニラシュガー　5g
塩　3g
アーモンドプードル　40g
薄力粉　320g
バター（角切り）　224g
全卵　54g

1 粉糖、バニラシュガー、塩、アーモンドプードル、薄力粉をよく混ぜておく。
2 バターと①の粉類を合わせて、手でほぐすようにして、バターのダマをなくす。
3 さらさらになったら、全卵を加えてまとめる。一晩冷蔵庫でねかせる。
4 ③を取り出し、2.5mm厚さにのばす。直径10cmのセルクルに敷き込む。
5 網目状のシルパットの上に並べ、タルトストーンをのせて、180℃のオーブンで30分間焼く。網目状のシルパットがない場合は、ピケをすること。

●パイ
（紅玉と5種類のスパイスのパルフェ ミルフィユ仕立て）

デトランプ
 薄力粉　210g
 強力粉　210g
 冷水　170g
 塩　12g
 赤ワインヴィネガー　6g
 こがしバター　145g
折込用バター生地
 バター（角切り）　450g
 薄力粉　180g

フイユタージュアンヴェルセ
1. デトランプをつくる。ミキサーボウルに薄力粉と強力粉を入れて混ぜる。塩、赤ワインヴィネガーを入れた冷水を加えてミキサー（フック）で混ぜて、そぼろ状にし、こがしバターを加えてまとめる。薄い長方形の板状にする。
2. 折込用バター生地をつくる。バターを角切りにし、薄力粉と合わせて、ミキサー（パレット）で混ぜる。均一に混ざったら薄い長方形に形を整える（縦はデトランプと同じ、横はデトランプの1.5倍の長さ）。
3. バター生地でデトランプを包んでいく。まずバター生地の右端にそろえてデトランプをのせる。
4. 次に大きくのばしたバター生地を、半分までデトランプにかぶせる。
5. そしてデトランプを横1/2のところでバター生地とともに折る。④〜⑤の工程で3つ折り1回終了。
6. 90度向きをかえて、3倍の長さにのばす。もう一度3つ折りをし、冷蔵庫で1時間ねかせる。
7. このあと、⑥を2回くり返す。都合3つ折りを4回行なう。
8. 厚さ2.5mmにのばし、天板にのせて、180℃のオーブンで50分間焼く。途中20分たったところで、層が浮き上がらないように上から重石の天板をのせて焼き上げる。

●ピスタチオナッツの糖衣がけ
（柿のコンポートとピスタチオナッツのパルフェ）

ピスタチオナッツ　100g
シロップ
 グラニュー糖　50g
 水　20g

1. シロップを沸かし、110℃になったら、殻をむいたピスタチオナッツをホールのまま入れる。
2. ナッツにシロップをからめながら混ぜると、一旦透明になり、のちに白っぽくなる。
3. 白っぽくなったらでき上がり。火からおろして、広げて冷ます。

●メレンゲ
（苺とアールグレーのパルフェ／アブリュームイヴェール／カシュカシュポワール、他）

卵白　200g
グラニュー糖A　200g
グラニュー糖B　200g

1. メレンゲ生地をつくる。卵白をミキサーボウルに入れ、グラニュー糖Aの一部を加えてホイッパーで混ぜる。なじんだら残りのグラニュー糖Aを加えてしっかり泡立てる。
2. ここにグラニュー糖Bを入れてさらに混ぜてメレンゲ生地とする。
3. メレンゲ生地をベーキングシートを敷いた天板の上に薄くのばす。あるいは絞り袋に入れて、直径5mmの丸口金で棒状に長く絞る。あるいは直径5cmの丸形に絞る。
4. 120℃のオーブンで3時間焼く。なお保存には乾燥剤を入れて密封すれば、1週間ほど使える。

●黒コショウのメレンゲ
（アシェット ムース ショコラ キュイ）

メレンゲ生地（→左段）　適量
黒コショウ　適量

1. メレンゲ生地をベーキングシートを敷いた天板の上に薄くのばし、上から黒コショウをふる。
2. 120℃のオーブンで3時間焼く。

●アニスのメレンゲ
（パイナップルのカルパッチョとココナッツのパルフェ アニス風味のメレンゲ バジルの香り）

メレンゲ生地（→左段）　適量
八角（アニス）パウダー　適量

1. メレンゲ生地をベーキングシートを敷いた天板の上に丸い口金で長い棒状に絞り、上から八角（アニス）パウダーをふる。
2. 120℃のオーブンで3時間焼く。

●ヘーゼルナッツのメレンゲ
（ドゥーブルマロン）

メレンゲ生地（→左段）　適量
ヘーゼルナッツ　適量

1. メレンゲ生地をベーキングシートを敷いた天板の上に、丸い口金で長い棒状に絞り出す。上から刻んだヘーゼルナッツを散らす。
2. 120℃のオーブンで3時間焼く。

◉ミントのメレンゲ
（プルミエ）

メレンゲ生地（→196頁）　適量
ミントの葉　適量

1　メレンゲ生地にミントの葉を混ぜる。
2　ベーキングシートを敷いた天板の上に、生地を丸い口金で長い棒状に絞り出し、120℃のオーブンで3時間焼く。

◉カスタードクリーム
（カシュカシュポワール／プランタニエ）

牛乳　1リットル
バニラスティック　1本
グラニュー糖　300g
卵黄　8個分
強力粉　75g

1　牛乳の中にバニラスティックを入れて沸騰させる。
2　ここにグラニュー糖と卵黄を混ぜたものを加え、強力粉をふり入れる。
3　中火にかけ、沸騰したら2分間ほど炊く。仕上りは1500g。

◉シャンティイクリーム
（リエジョワーズ／ドゥーブルマロン／プルミエ、他）

生クリーム（乳脂肪分40％）　1リットル
グラニュー糖　50g（生クリームの5％）

1　ミキサーボウルに生クリームと5％のグラニュー糖を加え、ホイッパーで8分立てに泡立てる。

◉キャラメルソース
（リエジョワーズ／カシュカシュポワール、他）

グラニュー糖　600g
水飴　30g
生クリーム（乳脂肪分40％）　510g

1　鍋にグラニュー糖と水飴を入れて火にかける。
2　うっすらと色づいたら沸騰させた生クリームを加えて混ぜ、火からおろす。冷まして濃度をつける。

シェフの紹介
アイスクリームづくりのコツ

(店名50音順)

オルタシア　hortensia
東京都港区麻布十番3-6-2 NS麻布十番ビルB1F
＊2015年閉店。

リストランテ ラ バリック　La Barrique
東京都文京区水道2-12-2
電話03-3943-4928
https://labarrique.jp
◉営業時間
昼　11:30 〜 12:30（L.O.）
夜　18:00 〜 21:30（L.O.）
定休日／日曜日、月曜日

リストランテ プリマヴェーラ　PRIMAVERA
静岡県長泉町クレマチスの丘（スルガ平）347-1
＊2020年閉店。

パティスリー プレジール　Plaisir
東京都世田谷区代沢4-7-3
電話03-6431-0350
https://ameblo.jp/plaisir-daizawa/
◉営業時間
12:00 〜 19:00
定休日／不定休
＊捧シェフは「プレジール」を辞め「Yu Sasage」を開店（世田谷区南鳥山6-28-13 電話03-5315-9090）。

フロリレージュ　Florilège
東京都港区虎ノ門5-10-6 麻布台ヒルズガーデンプラザD2F
電話03-6440-0878
https://www.aoyama-florilege.jp
◉営業時間
昼　12:00 〜 12:30（L.O.）
夜　18:00 〜 18:30（L.O.）
定休日／日曜日ディナー、月曜日全日、火曜日ランチ
　　　　そのほか不定休あり

オルタシア
古賀 哲司

アイスクリームデザートの演出

「オルタシア」では、ディナー、ランチともおまかせコースとプリフィクスコースを用意しています。プリフィクスは、前菜からデザートまで、自由に4皿選ぶことができるので、メイン4皿、あるいはデザート4皿という注文を受ける可能性もあるわけです。

ですからデザートは常時12品用意しています。アヴァンデセールや口直しのソルベなどを加えると、アイスクリームとソルベは12種類以上になります。このプリフィクスが人気となり、とくに女性客から好評を得ているようです。

店内は間接照明を当てた黒っぽいモダンな雰囲気なので、器の下に花をあしらうなど、色鮮やかな盛りつけを意識しています。今回も紹介しましたが、記念日のブーケを添えたデザートなど、とても喜ばれます。

アイスクリームに求める濃厚さ

さてアイスクリームですが、アイスクリームには濃厚さが欲しいので、加えるフレーバーは、おもにピュレを煮詰め、果汁よりも7割増くらいの味にします。フレッシュフルーツを使う場合、これはソルベでも同様ですが、果汁を煮詰めます。フルーツによって、甘さや酸味をどう感じさせたいかで、煮詰め方や配合は変えなければなりません。

アングレーズの炊き方

ベースのアングレーズについて。ブランシールは乳化のために行ないます。以前はブランシールが必須で、今でも卵の配合が少ないときは行ないますが、概してしない場合が多いようです。乳化を助けるフルーツやペクチンなどが入れば、あまり必要がないのです。

アングレーズの加熱は、バニラは83℃、フルーツは糖度があるので、75℃くらいまでとしています。

店ではマシン、パコジェット、液体窒素を使います。マシンの場合は、アパレイユを一晩冷蔵庫でねかせますが、こうすることで空気がほどよく抜けて、香りが際立つのです。

パコジェットの注意点

パコジェットは、使う分量だけ回すこともできるのですが、冷凍する間に、比重の違いで上と下にムラが生じるので、私は全量回して均一にします。また乳脂肪分の高い生クリームを使用すると分離しやすいので、何度も回せません。35％くらいがいいのですが、47％ならば、卵黄と牛乳の配合を増やせばいいのです。

このような問題に対処するために、私はそのときに使いきれるだけのアパレイユを冷凍しています。

アイスパウダーは、皿に盛ると、空気に触れる部分が多くなるので、飴ボールに詰めます。割ったときの驚きと、口に含んだときに鼻からすっと抜ける香りが持ち味です。

使用器具
アイスクリームマシン（ハイパートロンミニ）
パコジェット
ショックフリーザー（オリオン）

古賀哲司（こが・てつじ）
1972年大分県生まれ。1996年、東京・代官山の「タブローズ」でフランス料理の修業を始める。1999年、"なめらかプリン"で一躍有名になった「パティスリーパステル」のラボを経て、表参道「レストラン」の副料理長を務める。2002年丸の内の「ブリーズ オブ 東京」の総料理長に就任。2009年六本木「エディション コウジ シモムラ」を経て、2010年麻布十番「オルタシア」の料理長となる。2015年閉店。

リストランテ ラ バリック
伊藤延吉

フルーツと組み合わせる

通常ジェラート単体でメニューにのせることはあまりありません。何かと組み合わせたり、添えたり、のせたりするわけですが、料理を召し上がったあとでお出しするものなので、私はフルーツと組み合わせることが多いですね。食後には、ひんやりとした冷たさ、水分の多さ、酸味、軽快さが求められると思うからです。

味に強弱をつける

アイスクリームとそれに合わせる素材の組合せを考える場合、私は味の強弱をつけたり、お互いがうまくつながるように、味や食感などで共通性をもたせるといいのではないかと思います。
味の強弱についてたとえば、水分が多いスイカなどには、濃厚なココナッツのソルベを合わせる、というようなことです。

味や食感の共通性をもたせる

味の共通性について例をあげると、酸味の強いパッションフルーツには、バニラアイスクリームを合わせるよりも、やさしい酸味のヨーグルトソルベを合わせたほうが、酸味でつながって全体がまとまり、食べやすくなります。
またパンナコッタとキャラメルソースとパイナップルソルベ、パイナップルカスタードを合わせたデザート（→141頁）は、それぞれにいろいろな形でココナッツを加えて共通性をもたせています。

足りないものを補い合う

一方で、お互いに足りないものを補い合う、ということも常に頭においています。例をあげると、味が単調ないちごのコンソメ（→84頁）には、ホワイトチョコレートのソルベで甘みとコクを補いました。しかしホワイトチョコレートの甘ったるさは、食後に果たして合うでしょうか。そこでソルベの中にスパイスを加えて、甘さの中にキレを与え、さらに上からグラニテをかけて清涼感を補いました。
ただ漠然と盛り合わせるのではなく、お互いが引き立て合うように、組み合わせていくことが大事です。
食後のデザートは、今まで食べすすめてきたコースをいかにすっきりと好印象で終えることができるかの決め手となります。食べやすさ、爽快感は大切な要素です。

使用器具
パコジェット
冷凍庫（サンヨー）

伊藤延吉（いとう・のぶよし）
1976年東京生まれの長野育ち。21歳でイタリアに渡り、ヴェネト、トスカーナ、ピエモンテをまわって1年半修業を積む。帰国後東京・青山の「アカーチェ」に入社する。奥村忠士シェフの元で修業を重ねて、副料理長に就任。同時期に同店のソムリエだった坂田真一郎氏が、2007年に「バリック」を開店するにあたって、料理長として迎えられ、今日に至る。

リストランテ プリマヴェーラ
黒羽　徹

素材を知って使う

　三島は、海からも山からも近く、新鮮な野菜やフルーツ、魚介類に恵まれた温暖な土地です。店で使う野菜は、生産者の畑に出かけて、素材そのものが育つ様子を見て、栽培や味の特徴を知ったものです。鮮度はもちろんですが、本来の味や香りをもった力強い野菜は、ほんとうに料理を助けてくれるのです。

素材の香りと味を出す

　今回のアイスクリームの素材にも、そうした野菜が数多く登場します。氷菓なので、あえて香りの強いものや、個性的なものを選びます。同じ生クリームを使うポタージュに合う野菜ならば、アイスクリームに使っても、まず間違いはありません。

　夏になると、野菜の種類も増え、アイスクリームはデザートだけでなく、前菜にも使うようになります。また、デザートのあとのチーズは、なかなか注文していただけないので、チーズを使った小さなデザートを、あらかじめコースに組み込むことがあります。このときにもアイスクリームはなくてはならないものです。

　素材の香りがしっかり立ち、フレッシュ感が生きるように、生クリームの乳脂肪分は35％と低めのものを使いますし、必然的に、卵を使った、いわゆるアイスクリームよりも、ソルベが多くなりますね。

ねっとりはマシン、軽さはパコジェット

　店では、アイスクリームマシンとパコジェットの2本立てです。アイスクリーム単体で提供する場合は、ねっとりと濃厚な口溶けが欲しいので、アイスクリームマシンを使っています。マシンを使ったほうが、私が理想とするなめらかさを実現できるのです。

　軽さを求めるような場合、たとえば、フルーツやジュレなどに添えたり、のせたりして組み合わせるときには、パコジェットを使っています。

　口溶けのよさを大切にしたいので、できるだけ安定剤は使用しないようにしています。安定剤を入れると、食後、口の中に少しべたつき感が残ってしまうからです。レストランらしく、ぎりぎりのところで溶けやすくし、牛乳をたっぷり使って、生クリームを控えて乳脂肪分を抑え、食後でも食べやすくすることを心がけています。

黒羽　徹（くろは・とおる）
1968年、兵庫県生まれ。辻調理師専門学校卒業後、フランス料理の道へ入る。粉の使い方、パスタを学ぶためにイタリアへ渡り、「イル・ヴォルト」「グアルティエーロ・マルケージ」「アルノルフォ」、最後にスペインの三ツ星レストラン「エル・ブジ」での修業を経て、2001年10月帰国。2002年、静岡県三島にあるクレマチスの丘にオープンしたイタリアンレストラン「マンジャペッシェ」の料理長に就任。2009年4月店名を「リストランテ プリマヴェーラ」に改め、引き続き料理長として腕をふるう。2020年閉店。

使用器具
アイスクリームマシン（ハイパートロンミニ）
パコジェット
ショックフリーザー（イリノックス）

パティスリー プレジール
捧　雄介 <small>（現在は「Yu Sasage」のオーナーシェフ）</small>

パフェづくりのポイント

店のイートインスペースでは、軽食やパフェを提供していますが、数ヵ月ごとにメニューを変えます。パフェメニューを考えるとき、私はまずフルーツを決めます。そしてそれに合うパルフェを考えます。そしてそのほかのパーツを考えていきます。このときに私なりにいくつか心がけていることがあります。それが①から④までのポイントです。

①季節のフルーツを使う

季節感を出すために旬のフルーツを使うことは大事です。それだけでなく、フルーツには酸味や果汁が含まれているので、味に変化をつけやすくなります。カットフルーツを使ったり、パルフェやグラニテにしたり、濃縮されたピュレを使うこともあります。いずれにしても市販のコンポートや冷凍のピュレを使うのではなく、なるべく旬のみずみずしいフルーツでつくることが一番です。

②食感に変化をつける

また私はメレンゲをよく使います。これは食感に変化をつけるためでもありますが、それほど味が強いものではないので、アイスクリームに添えるウエハースのような口直しになります。もちろんナッツやサブレも使いますが、味わいや、食べたときの軽さを考えると、メレンゲが最適だと思うのです。

③水分量

三つめにあげるのは、水分量です。固形物ばかりだと、食べにくくなります。たとえばリンゴなどは水分量が少ないフルーツです。こんなときは、リンゴを補うためにジュレやグラニテなど水分の多いものを組み合わせます。パフェはかなりボリュームがあるので、食べやすさというのは大切です。

④印象に残るものを一口めと中盤に

パフェの成否を決める大事なポイントです。一番上に印象に残るものを盛るということは、一番最初に口にするものをこちらが決めることができるということです。ですから、このパフェの"売り"を一番上にもってきます。フルーツパフェならばメインのフルーツを、夏場であるならばキーンと冷たいグラニテを、というように。

でも上に盛るだけではだめです。食べすすめていく途中で再度印象づけるために、中ほどにも同じものを入れることが大事です。細かく切るとか、ピュレ状にするとか、形状はいろいろでしょうけれど。こうしないと最終的なパフェの印象が薄れてしまいます。

あの季節のあのパフェが食べたい、というリピーターを増やすための秘策の一つです。

捧　雄介（ささげ・ゆうすけ）
1977年新潟生まれ。「ルコント」で加登学シェフのもとでフランス菓子の修業をはじめる。その後「オテル ド ミクニ」（東京・四谷）を経て、品川の「アロマクラシコ」ではシェフを務める。2005年には加登シェフがはじめた「ロワゾードリヨン」（東京・湯島）に入社。スーシェフ、シェフパティシエを歴任。2010年「パティスリー プレジール」のシェフパティシエを経て、2013年「Yu Sasage」をオープンした。

使用器具
ミキサー（キッチンエイド）
ショックフリーザー（ホシザキ）

フロリレージュ
川手寛康

驚きと美味しさを
兼ねそなえたデセール

今回のアイスクリームの本では、ビールやキャベツなど今までに登場しなかった素材にチャレンジしたり、絵の具のチューブに詰めて、パレットに見立てた皿に盛りつけるなど、驚きと楽しさを盛り込んでみました。

アイスクリームやソルベの素材選びについては、あまり先入観を持たず、分け隔てなく何でも取り入れるようにしました。新しい味は、自分の想定外の素材から生まれてくる場合もあるからです。

フレッシュ感のソルベ、加熱で
抽出する素材はアイスクリーム

ソルベにするか、アイスクリームにするかは、選んだ素材や、どんなデザートに使うかによって決まります。フルーツや洋酒など、加熱せずにフレッシュな香りや味を生かしたい素材ならばソルベを選び、バニラやトリュフなど、加熱することで香りや味を抽出する素材ならば、アングレーズを炊いてアイスクリームにします。

味を凝縮させる

ソルベはフレッシュ感が第一ですが、なにぶん冷たいものなので、味が感じにくくなります。ですから味の淡い素材（たとえばスイカなどがそうですが）を使うと、どうしても印象が弱くなってしまいます。そんなときは、煮詰めて味を凝縮させたものに、生のものをブレンドして加えていきます。前者で味を、後者でフレッシュな香りや刺激を加えていくのです。

客席でのサービスと会話

これはアイスクリームに限ったことではありませんが、コース最後のデザートの提供時に、客席でお客さまとの会話がはずむような、デザートをつくるようにしています。定番の「トリュフショコラ」をアレンジした「ガトーショコラ」（→129頁）や「スイカのブラッディメアリー」（→85頁）などがそうです。土に見立てたチョコレートの中に入っているものを当ててもらったり、客席でシェイカーをふり、カクテルをソルベにかけたり…。

できたての香り高いなめらかなアイスクリームや、こうした演出は、レストランでしか楽しめない特別なものではないでしょうか。

使用器具
パコジェット
ショックフリーザー（ホシザキ）

川手寛康（かわて・ひろやす）
1978年東京生まれ。「恵比寿QEDクラブ」「オオハラ エ シ アイイー」などを経て「ル ブルギニオン」へ。菊地美升シェフのもとで修業を積み、スーシェフまで務める。その後2006年に渡仏し、モンペリエの「ジャルダン デ サンス」で修業を積む。帰国後、東京・白金台「カンテサンス」のスーシェフに就任。2009年、南青山に「フロリレージュ」を開店。2015年、神宮前に移転し、2023年7月に神宮前の店舗での営業を終え、同年9月より、麻布台ヒルズに移転。現在に至る。

アイスクリーム 基本とバリエーション
105のフレーバーとシンプルデザート

| 初版発行 | 2012年 6 月20日 |
| 7 版発行 | 2024年 5 月10日 |

編者　　　柴田書店©
発行者　　丸山兼一
発行所　　株式会社柴田書店
　　　　　〒113-8477
　　　　　東京都文京区湯島3-26-9イヤサカビル
　　　　　［営業部］　　　03-5816-8282（注文・問合せ）
　　　　　［書籍編集部］　03-5816-8260
　　　　　［URL］　　　　https://shibatashoten.co.jp
印刷・製本　TOPPAN株式会社

ISBN978-4-388-06140-2
本書収録内容の無断転載・複写（コピー）・引用・データ配信などの行為は固く禁じます。
落丁、乱丁本はお取替えいたします。
Printed in Japan